Selber nähen – Pur und simpel.

Minimalistische Looks
mit fernöstlicher Eleganz und raffinierten Details.

Mia Führer

asia style

Mia Führer

Liebe Leserinnen, liebe Leser

Unsere ganz neue Kollektion im „Asia Style"
wird Sie begeistern! Jedes der Modelle ist ein Unikat,
pur und simpel in fernöstlicher Eleganz!

Typische Asia Elemente sind: Wickeloptik, gerade Schnitte, minimalistischer Look, natürliche Farben mit Musterakzenten und überschnittenen Schultern.
Die Materialien sind hauptsächlich aus Naturfasern wie: Reines Leinen, Baumwolle und Viskose. Sämtliche Modelle gibt es in den Schnittgrößen 34/36 bis 46/48.
Ein Rockmodell kommt ganz ohne Schnittmuster aus! Sehen Sie den Wickelrock hier links und auf Seite 44. Bei diesem Modell können Sie die Zuschnittmaße direkt auf den Stoff zeichnen und sofort loslegen!
Wer es gern abwechslungsreich mag, wird viel Spaß mit dem Kimono haben! Er ist einfach nachzunähen und so konstruiert, dass er entweder mit der bedruckten Seite oder einmal gewendet in uni Schwarz zu tragen ist!
Als kleines Extra haben wir zusätzlich zwei Taschen entworfen, die super einfach nachzunähen sind.
Jetzt heißt es nur noch Ihre Lieblingsmodelle auswählen und ran an die Nähmaschine.

Ihre Autorin
Mia Führer

Inhalt

Sämtliche Modelle in den Größen 34/36 bis 46/48

Schwierigkeitsgrade:

●○○ = einfach

●●○ = mittel

●●● = anspruchsvoll

Weite Hose

Mit Wickeleffekt und einer seitlichen Eingriffstasche

Schwierigkeitsgrad: ●●●

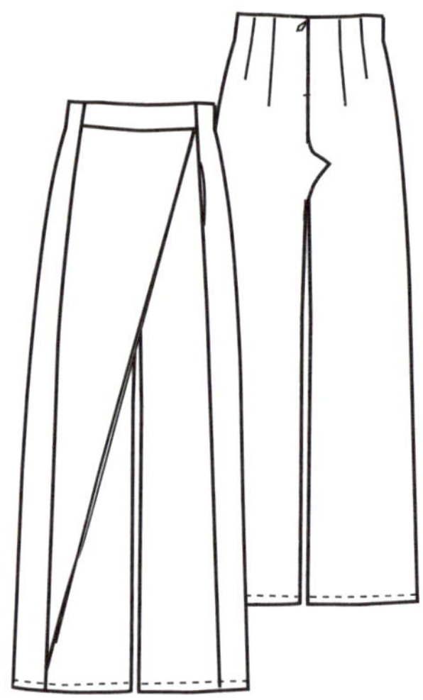

Material

- Tencel Twill 145 cm breit

Größe:	Seitenlänge:
34/36 = 1,65 m	= 92,5 cm
38/40 = 1,75 m	= 93,5 cm
42/44 = 1,95 m	= 94,5 cm
46/48 = 2,00 m	= 95,5 cm

- 1 Reißverschluss nahtverdeckt 25 cm lang
- Vlieseline H180
- Farblich passendes Nähgarn

Mit einem
rückwärtigen verdeckten
Reißverschluss

Schnittteile

Schnittteile 6 + 6a, 7 + 7a, 8 + 8a, 9 - 11
auf Bogen C Schwarze Konturlinien

Größe: 34/36
38/40
42/44
46/48

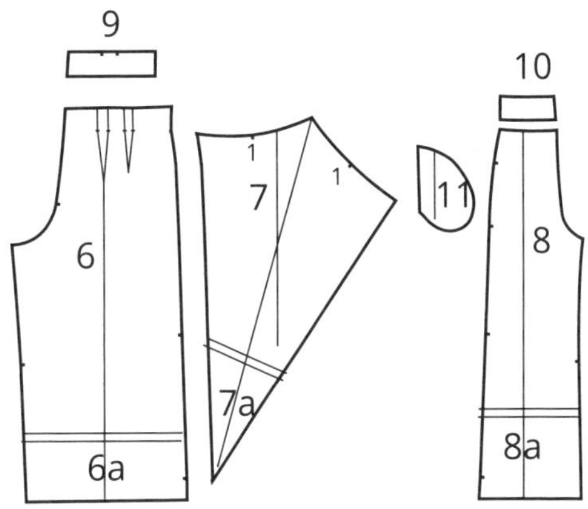

Schnittvorbereitung

Die Papierschnitt-Teile 6 + 6a, 7 + 7a sowie 8 + 8a an den entsprechenden Zusammensetzlinien aneinanderkleben. Dann das Schnittteil 7an das rechte Schnittteil 6 ankleben. Das Schnittteil 10 an der vord. Mittellinie spiegeln, sodass ein ganzes Teil entsteht.

Zuschnitt

(6) Linkes rückw. Hosenteil = 1 x Stoff

(6) Rechtes rückw. Hosenteil mit Schnittteil 7 = 1 x Stoff

(8) Vorderes Hosenteil = 2 x Stoff
Achtung: gegengleich zuschneiden!

(9) Rückw. Besatz = 2 x Stoff, 2 x Vlieseline
Achtung: gegengleich zuschneiden!

(10) Vord. Bund und Besatz = 2 x Stoff, 2 x Vlieseline

(11) Taschenbeutel = 2 x Stoff

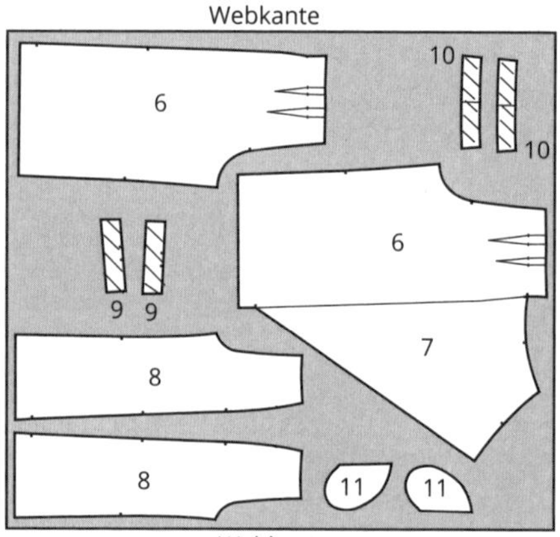

Die Teile mit 1 cm Nahtzugabe und für die Säume 3 cm zugeben.

Weite Hose mit Wickeleffekt

Anleitung

Die rückw. Abnäher spitz auslaufend steppen und zur Mitte gerichtet bügeln. Die rückw. Mittelnahtkanten versäubern und rechts auf rechts bis zur Reißverschlussmarkierung steppen. Naht auseinander bügeln und den Reißverschluss mit einem Spezialsteppfuß einarbeiten. Vordere Mittelnahtkanten versäubern und die Naht rechts auf rechts steppen. Naht auseinander bügeln

Tasche: An der vorderen und rückwärtigen linken Seitennahtkante zeichengemäß die Taschenbeutel ansteppen. Seitennaht rechts auf rechts steppen, dabei den Tascheneingriff offenlassen. Die Taschenbeutel aufeinander steppen. Nahtkanten zusammengefasst versäubern und nach vorn gerichtet bügeln.

Hose zusammensetzen: Die rechte vordere Seitennaht nun rechts auf rechts mit dem Wickelteil vom unteren Zusammensetzzeichen bis zum Taillenzeichen verbinden. Nahtkanten zusammengefasst versäubern und den schrägen Bruch einlegen, nicht bügeln. Dabei müssen die vord. Mittelknipser mit der Nahtzahl 1 aufeinander treffen. Die oberen Kanten des Wickelteils auf das Vorderteil steppen und den vorderen Bund rechts auf rechts ansteppen. An den Ecken die Nahtzugabe bis zur Naht einschneiden und den Bund an die rückw. Hosenteile steppen. Die Nahtzugaben nach oben in den Bund bügeln. Die seitlichen Nahtzugaben des Bundes nach außen zum Rückenteil gerichtet bügeln. Die vord. und rückw. Besätze an den Seitennähten rechts auf rechts steppen, Nähte auseinander bügeln und an der Außenkante versäubern. Dann rechts auf rechts auf die obere Hosenkante steppen. Seitennähte aufeinandertreffen lassen. Den Besatz nach innen legen und die Kante bügeln. Am Reißverschluss-Schlitz die Kanten nach innen bügeln und mit der Hand an das Reißverschlussbändchen nähen. Die Saumkanten versäubern und nach innen bügeln. Die inneren Hosenbeinnähte rechts auf rechts steppen, dabei die Säume wieder nach außen klappen. Nahtkanten jeweils auseinander bügeln und die Säume ansteppen.

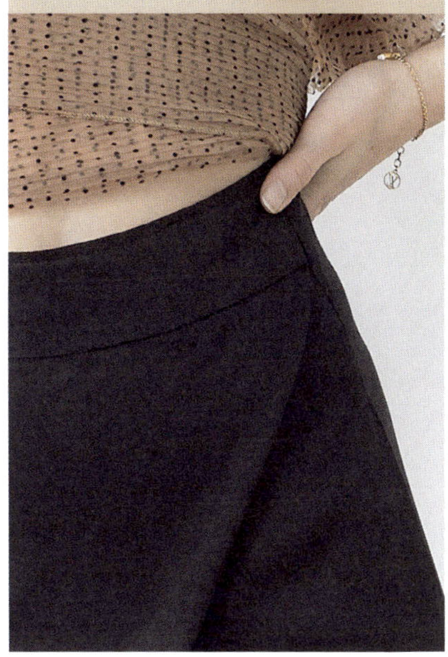

Oberteil

Kimonoartig mit Eingriffsschlitzen für die Arme

Schwierigkeitsgrad: ●○○

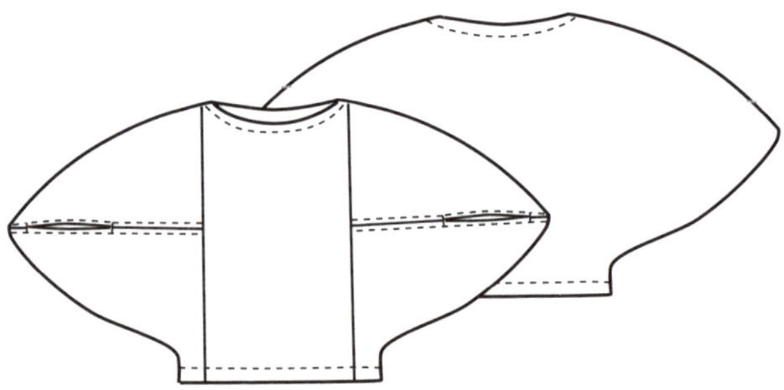

Material

- French Terry offwhite, 145 cm breit

Größe:	Rückenlänge:
34/36 = 0,95 m	= 51,5 cm
38/40 = 0,95 m	= 52,5 cm
42/44 = 1,30 m	= 53,5 cm
46/48 = 1,30 m	= 54,5 cm

- Farblich passendes Nähgarn

Schnittteile

Schnittteile 6 + 7 auf Bogen B Schwarze Konturlinien

Größe: 34/36
38/40
42/44
46/48

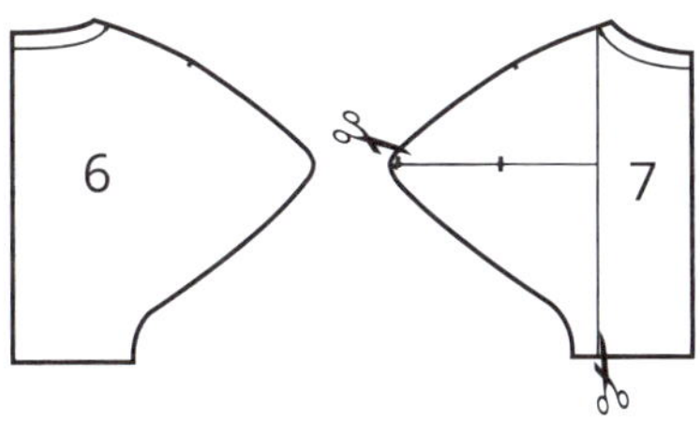

Schnittvorbereitung

Das Schnittteil 7 an den entsprechenden Linien auseinanderschneiden. Die Besätze von Vorder- und Rückenteil auf die anderen Größen übertragen und kopieren. Für Größe 42/44 + 46/48 die Besätze jeweils an den Mittellinien spiegeln, sodass ein ganzes Teil entsteht.

Zuschnitt

(6) Rückenteil = 1 x im Stoffbruch

(6) Rückw. Besatz = 1 x Stoffbruch

(7) Mittleres Vorderteil = 1 x im Stoffbruch

(7) Seitliches Vorderteil oben = 2 x Stoff
Achtung für Gr. 34/36 + 38/40
die Teile gegengleich zuschneiden!

(7) Seitliches Vorderteil unten = 2 x Stoff

(7) Vorderer Besatz = 1 x im Stoffbruch

Die Teile mit 1 cm Nahtzugabe und den Saum mit 3,5 cm Zugabe zuschneiden.

Gr. 34/36 + 38/40

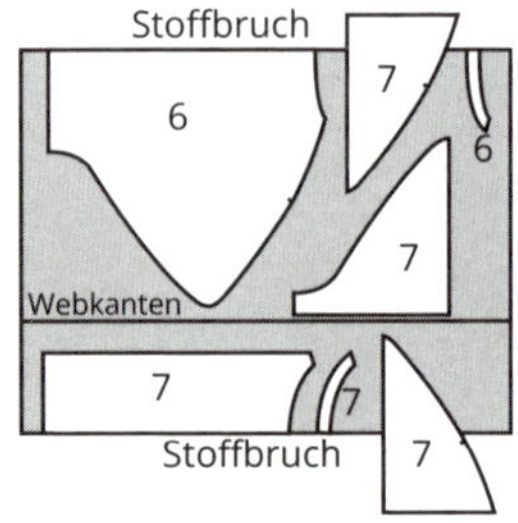

Gr. 42/44 + 46/48

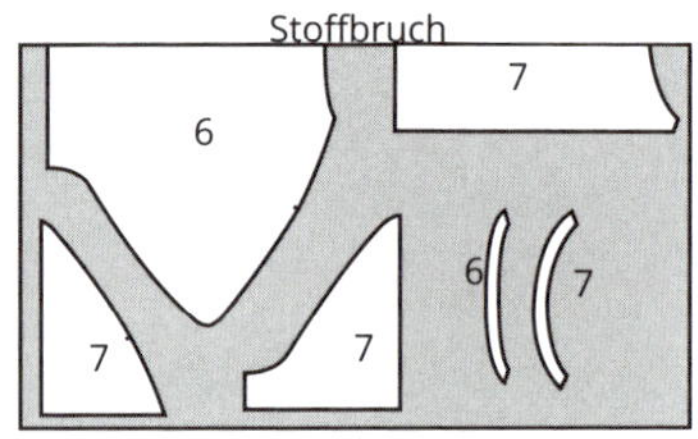

Anleitung

Die Nahtkanten der oberen und unteren seitlichen Vorderteile versäubern. Die Teile jeweils rechts auf rechts steppen, dabei laut den Markierungen einen Schlitz offenlassen. Nähte auseinanderbügeln und rechts und links der Naht 0,75 cm breit absteppen.
An den Schlitzenden einmal quersteppen. Die seitlichen Vorderteile rechts auf rechts an das Mittelteil steppen. Nahtkanten zusammengefasst versäubern und zur Mitte gerichtet bügeln. Schulter- und Seitennähte rechts auf rechts steppen, Nahtkanten etwas schmaler schneiden, zusammengefasst versäubern und nach hinten bügeln. Die Besätze an den Schulternähten rechts auf rechts steppen, Nähte auseinander bügeln und die Außenkante versäubern. Besatz rechts auf rechts auf den Halsausschnitt stecken. Mit 1 cm Naht steppen, Nahtzugaben knapp verschneiden und den Besatz nach innen wenden. Die Kante gut bügeln und den Besatz anheften. Von rechts 2 cm breit absteppen. Heftfaden wieder entfernen.
Die Saumkante versäubern, Saum nach innen bügeln und einmal bei 3 cm und 2,5 cm daneben ansteppen.

Oberteil

Mit seitlichen
Eingriffstaschen

Paperbaghose

Knöchellang mit Bundfalten und Bindeband.

Schwierigkeitsgrad: ●●●

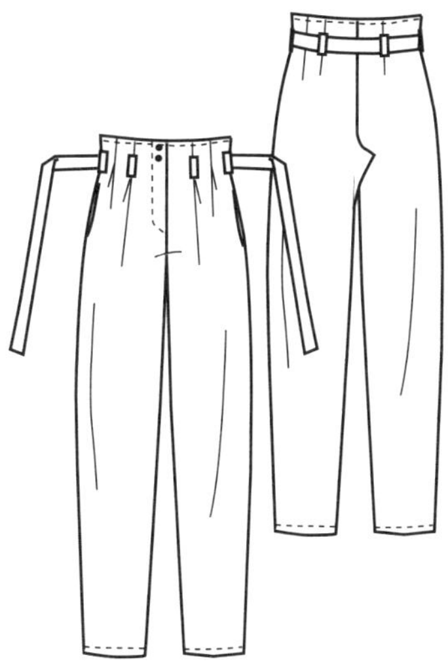

Material

- Baumwoll Flanell 142 cm breit

Größe:	Seitenlänge:
34/36 = 1,75 m	= 101,5 cm
38/40 = 1,80 m	= 102,5 cm
42/44 = 1,85 m	= 103,5 cm
46/48 = 1,90 m	= 104,5 cm

- 1 Reißverschluss 17 cm lang
- 2 Metalldrucker nähfrei von Prym 14 mm groß
- Einen Streifen Vlieseline für die Tascheneingriffe
- Farblich passendes Nähgarn

Schnittteile

Schnittteile 5 + 5a, 6 + 6a + 7 auf Bogen D
Schwarze Konturlinien

Größe: 34/36 ∘∘∘∘∘∘∘∘∘∘∘∘∘∘∘∘∘∘∘∘∘∘∘∘∘∘∘∘∘∘∘∘∘∘∘∘∘
38/40 -
42/44 • • —— • —— • —— • —— • —— • —— • —— • ——
46/48 ●●●●●●●●●●●●●●●●●●●●●●●●●●

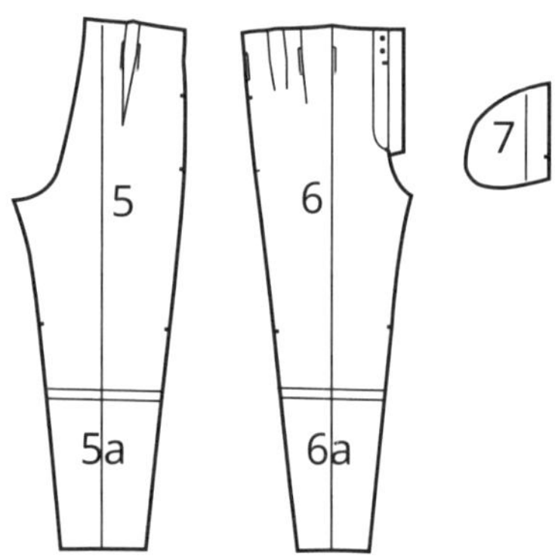

Schnittvorbereitung

Die Papierschnitt-Teile 5 + 5a sowie 6 + 6a an den entsprechenden Zusammensetzlinien aneinanderkleben.

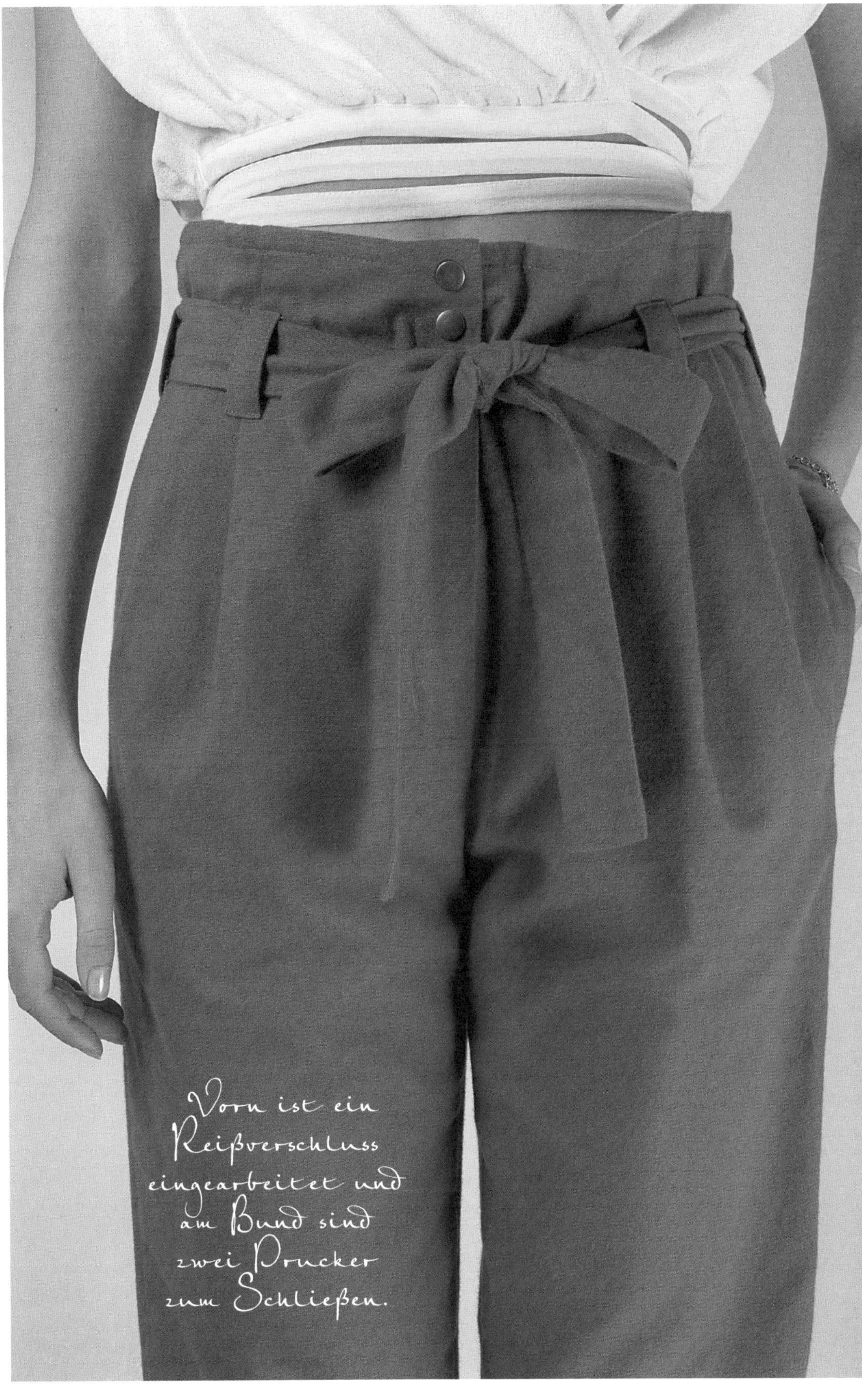

Vorn ist ein Reißverschluss eingearbeitet und am Bund sind zwei Drucker zum Schließen.

Zuschnitt

(5) Rückw. Hosenteil = 2 x Stoff

(6) Vord. Hosenteil = 2 x Stoff

(7) Taschenbeutel = 4 x Stoff

(a) Bindeband = 2 x Stoff, je 90 cm lang, 8 cm breit (4 cm fertig)

(b) Streifen für 6 Gürtelschlaufen = 1 x Stoff, 50 cm lang, 5 cm breit (incl. Nahtzugaben)

(c) Untertritt für den Reißverschluss = 1 x Stoff, 23,5 cm lang, 6 cm breit (3 cm fertig)

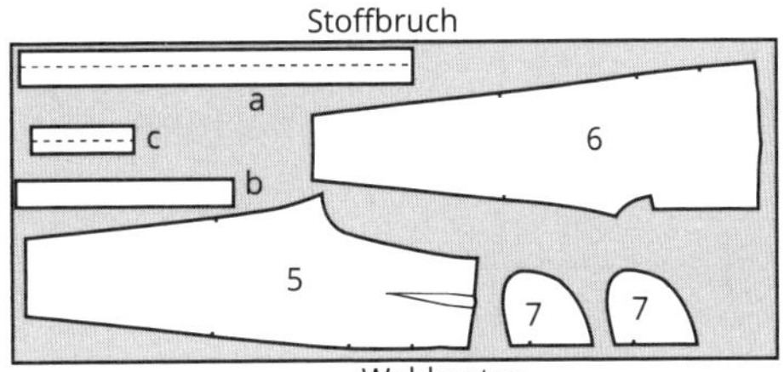

Die Teile mit 1 cm Nahtzugabe, die oberen Kanten mit 1,5 cm Zugabe zuschneiden und für die Säume 3 cm zugeben.

Anleitung

Die rückw. Abnäher spitz auslaufend steppen. Abnäher zur Mitte gerichtet bügeln. Die vorderen Falten von der oberen Kante nach unten 7 cm zusteppen. Die Nahtkanten sämtlicher Teile versäubern.

Taschen: Einen Einlagestreifen, ca. 2 cm breit auf den vorderen Tascheneingriff bügeln. Die Taschenbeutel jeweils am Vorder- und Rückenteil ansteppen. Am Vorderteil die Kante bügeln und die Beutel aufeinander steppen. Die Seitennähte rechts auf rechts steppen, dabei die Tascheneingriffe offen lassen.
Die Nähte nach vorne gerichtet bügeln.

Reißverschluss: Die Vorderteile rechts auf rechts legen und die Schrittnaht ab Reißverschlussmarkierung steppen. Naht auseinander bügeln, dabei die Nahtzugaben dehnen. An der rechten vord. Mitte den angeschnittenen Besatz nach außen umlegen und an der oberen Kante nur steppen. Den Besatz nach innen wenden und die obere Kante bügeln. Dann die gesamte obere Kante 1,5 cm nach innen bügeln, o,5 cm einschlagen und ansteppen.
An der linken vorderen Mitte 1 cm vorbügeln.
Den Reißverschluss auseinander ziehen und an der linken Seite unter die vorgebügelte Kante stecken.
Die RV-Zähnchen stehen vor. Mit einem einseitigen Steppfuß knappkantig ansteppen.
RV wieder zuziehen und die vorderen Mitten aufeinander stecken. Das Vorderteil umdrehen und das Reißverschlussbändchen an den Besatz der rechten Seite steppen. Nur auf den Besatz steppen, das Vorderteil nicht mitfassen! Dann, von rechts den Reißverschlussschlitz, wie im Schnitt markiert absteppen.
Den RV-Untertritt längskantig rechts auf rechts legen und die Schmalkanten steppen. Untertritt nach außen wenden und bügeln. Die offenen langen Kanten zusammengefasst versäubern. Den Untertritt unter die linke vord. Mitte stecken. In der ersten Naht steppen, das Reißverschlussbändchen zwischenfassen. Den Untertritt an der unteren Schmalseite von innen an den Obertritt-Besatz steppen.

Gürtelschlaufen: Jetzt werden die Gürtelschlaufen hergestellt. Den Streifen „b" längskantig an jeder Seite 0,5 cm nach innen bügeln. Die Bruchkanten aufeinander legen und knappkantig absteppen. Die Schlaufen sollen 2 cm fertig breit sein. Die andere Kante ebenfalls absteppen. Den Streifen glatt bügeln und in sechs Teile je 8 cm lang schneiden.
Die Gürtelschlaufen, wie im Schnitt eingezeichnet an den Enden eingeschlagen knappkantig aufsteppen.

Hose zusammensetzen: Saumkanten nach innen bügeln. Die inneren Hosenbeinnähte rechts auf rechts steppen, dabei die Säume wieder nach außen klappen. Nahtkanten jeweils auseinander bügeln und die Säume steppen.
Das eine Hosenbein rechts auf rechts in das andere stecken und die rückw. Schrittnaht steppen.
Naht auseinander bügeln.

Die Drucker nach Anleitung einschlagen.

Bindeband: Die Streifen „a" rechts auf rechts aneinander steppen, Naht auseinander bügeln, längskantig rechts auf rechts legen und steppen. An den Enden gerade abnähen. In der Mitte ein Stück Naht zum Wenden offenlassen. Die Nahtzugaben an den Ecken schräg abschneiden und den Streifen nach außen wenden. Das geht sehr gut mit dem Wendeset von Prym. Das Bindeband glattbügeln, das offenen Stück Naht schließen und durch die Gürtelschlaufen ziehen.

Paperbaghose

Kimono-Kleid

Leinen mit V-Ausschnitt und überschnittenen Schultern

Schwierigkeitsgrad: ● ○ ○

Material

- Reines Leinen, 135 cm breit

Größe:	Rückenlänge:
34/36 = 2,65 m	= 123 cm
38/40 = 2,70 m	= 124 cm
42/44 = 2,70 m	= 125 cm
46/48 = 2,75 m	= 126 cm

- Vlieseline H 250
- Nahtband von Vlieseline
- Gummiband 1,5 cm breit, 1 m
- Farblich passendes Nähgarn

Schnittteile

Schnittteile 1 + 1a, 2 + 3 auf Bogen A Schwarze Konturlinien

Größe: 34/36
38/40
42/44
46/48

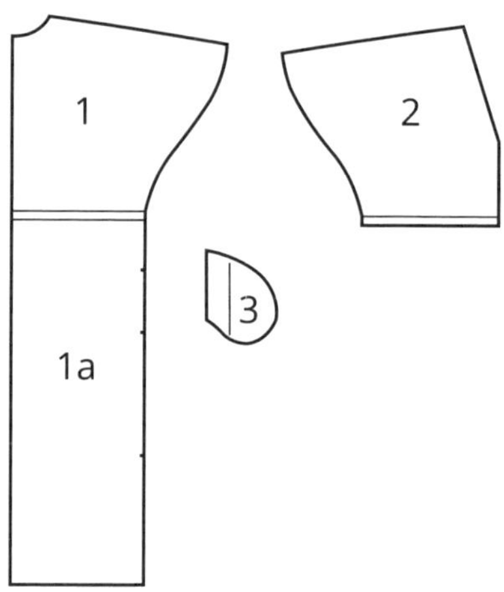

Schnittvorbereitung

Die Papierschnitt-Teile 1 + 1a sowie 2 + 1a an den entsprechenden Zusammensetzlinien aneinanderkleben.

Seitliche Eingriffstaschen
und extra Gürtel zum Binden

Gummiband
in der Taille

Zuschnitt

(1) + (1a) Rückenteil = 1 x im Stoffbruch

(2) + (1a) Vorderteil = 2 x Stoff

(3) Taschenbeutel = 4 x Stoff

(a) Rückw. Halsausschnittstreifen = 1 x im schrägen Fadenlauf
3 cm breit (incl. Nahtzugaben)
Länge: 34/36 = 20,5 cm; 38/40 = 21,5 cm;
42/44 = 22,5 cm; 46/48 = 23,5 cm

(b) Gürtel = 2 x Stoff, 2 x Vlieseline, 6,5 cm breit
Länge: 34/36 = 64 cm; 38/40 = 72 cm;
42/44 = 80 cm; 46/48 = 88 cm

(c) Bindeband = 2 x Stoff, 3 cm breit (1,5 cm fertig)
Länge: alle Größen = 85 cm lang,

(d) Tunnelstreifen = 2 x Stoff, 3 cm breit (incl. Nahtzugaben)
Länge: 34/36 = 63 cm; 38/40 = 67 cm;
42/44 = 71 cm; 46/48 = 75 cm

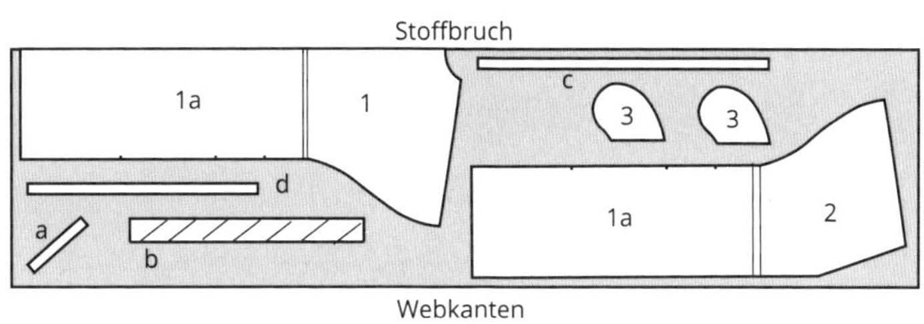

Die Teile mit 1 cm Nahtzugabe zuschneiden.
Am Schlitz, am vord. Halsausschnitt und an den Ärmelsäumen 2 cm zugeben, Saum mit 3 cm Zugabe zuschneiden.
Am rückw. Halsausschnitt keine Nahtzugabe anschneiden.

Anleitung

Rückw. Halsausschnitt: Den Streifen „a" an den Längskanten jeweils 0,7 cm nach innen bügeln. Dann den Streifen der Länge nach auf 1/2 Breite umbügeln. Den Schnitt zur Hand nehmen und den Streifen in Halsausschnittform bügeln. Dabei soll die mittlere Umbruchkante etwas kurz gehalten und die anderen Bruchkanten gedehnt werden. Jetzt die Halsausschnittkante in den offenen Streifen bis an die Umbruchkante legen. Den Streifen zuklappen und knappkantig ansteppen. Dabei die untere Kante des Streifens mitfassen. Schulternähte rechts auf rechts steppen, dabei am Halsausschnitt vorn 2 cm Nahtzugabe überstehen lassen. Nahtkanten jeweils zusammengefasst versäubern und nach vorn gerichtet bügeln.

Vord. Halsausschnitt: Auf die vord. Halsausschnitte das Nahtband von links aufbügeln. Achtung: dabei nicht ausdehnen! Die Kanten zweimal 1 cm nach innen bügeln und ansteppen. Die vord. Mitte rechts auf rechts steppen, Nahtkanten zusammengefasst versäubern und zu einer Seite bügeln. Die Ärmelsäume zweimal 1 cm nach innen bügeln und ansteppen.
Die Seitennahtkanten und die Taschenbeutel ringsherum versäubern. Taschenbeutel zeichengemäß an die seitl. Kanten steppen. Die Seitennähte rechts auf rechts bis zur Schlitzmarkierung steppen, dabei die Tascheneingriffe offen lassen. Nähte auseinander bügeln. Am Tascheneingriff vorn die Kante bügeln und den rückw. Taschenbeutel nach vorn legen.
Die Taschenbeutel aufeinander steppen. Den Saum zweimal nach innen bügeln und ansteppen.
Die Schlitzkanten genauso verarbeiten.

Tunnel mit Gummiband: Den Streifen „d" an den Schmalkanten rechts auf rechts zu einem Rund steppen. Naht auseinanderbügeln und die Längskanten versäubern.
Mit einem Heftfaden die Tunnelstepplinien markieren. Dazu den Schnitt auflegen. Den Tunnelstreifen innen auf die Markierungen stecken und anheften.
Die Heftfäden wieder herausziehen und von rechts den Tunnel steppen. Der fertige Tunnel soll 2 cm breit sein, dabei ein Stück Naht zum Einziehen des Gummibandes offen lassen. Gummiband auf Taillenlänge abschneiden und mit einer Sicherheitsnadel in den Tunnel ziehen. Gummiband aneinandernähen und das Stück offene Naht schließen.

Gürtel: Die Bindebänder „c" jeweils längskantig rechts auf rechts legen und mit 1 cm Nahtzugabe steppen. An einem Ende quersteppen, das andere Ende bleibt offen. Die Nahtzugaben etwas verschneiden, die Ecke schräg abschneiden, das Band nach außen wenden. Das geht seht gut mit dem Wendeset von Prym.
Die Bänder bügeln. Vlieseline auf die Gürtelteile bügeln, die Bindebänder mittig an jede Schmalkante stecken (Bänder liegen auf dem Gürtelteil) Teile rechts auf rechts legen und steppen. Dabei die Bänder mitfassen. Ein Stück Naht zum Wenden offen lassen. Gürtel wenden, die Kanten gut herausdrücken und bügeln. Das offene Stück Naht zunähen und den Gürtel rundherum 1 cm breit absteppen.

Kimono
Kleid

Für eine bessere Passform mit Brustabnäher für Gr. 46/48.

Top

Mit offenen Seiten und Bändern zum Zusammenbinden

Schwierigkeitsgrad: ● ○ ○

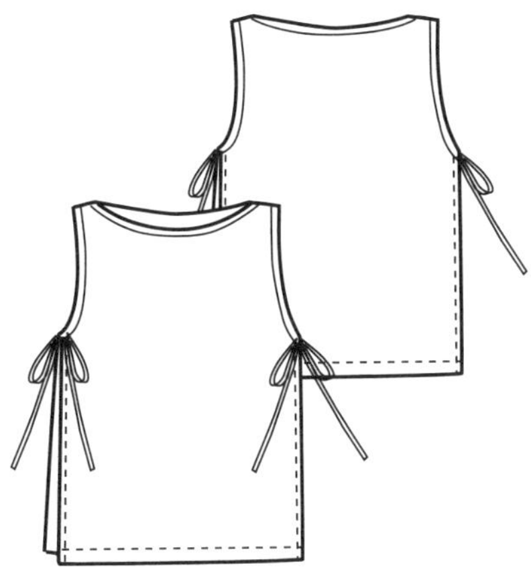

Material

- Tencel gestreift, 145 cm breit

Größe:	Rückenlänge:
34/36 = 1,25 m	= 58 cm
38/40 = 1,30 m	= 59 cm
42/44 = 1,35 m	= 60 cm
46/48 = 1,40 m	= 61 cm

- Farblich passendes Nähgarn

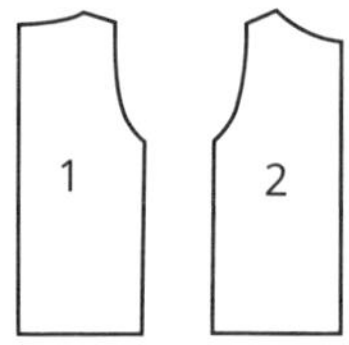

Schnittteile

1 + 2 auf Bogen B Schwarze Konturlinien

Größe: 34/36 ▬ ▬ ▬ ▬ ▬ ▬ ▬ ▬ ▬
38/40 ▭▭▭▭▭▭▭▭▭▭▭▭
42/44 ▬ · · ▬ · · ▬ · · ▬
46/48 ▬▬▬▬▬▬▬▬▬▬

Zuschnitt

(1) Rückenteil = 1 x im Stoffbruch

(2) Vorderteil = 1 x im Stoffbruch

(a) Halsausschnittstreifen = 1 x Stoff im schrägen Fadenlauf
3,5 cm breit (incl. Nahtzugaben)
Länge: 34/36 = 55 cm; 38/40 = 57 cm; 42/44 = 59 cm; 46/48 = 61 cm

(b) Armausschnittstreifen mit Bindeband = 2 x Stoff im schrägen Fadenlauf
3,5 cm breit (incl. Nahtzugaben)
Zusammengesetzte Gesamtlänge:
34/36 = 146 cm; 38/40 = 151 cm; 42/44 = 154 cm; 46/48 = 157 cm

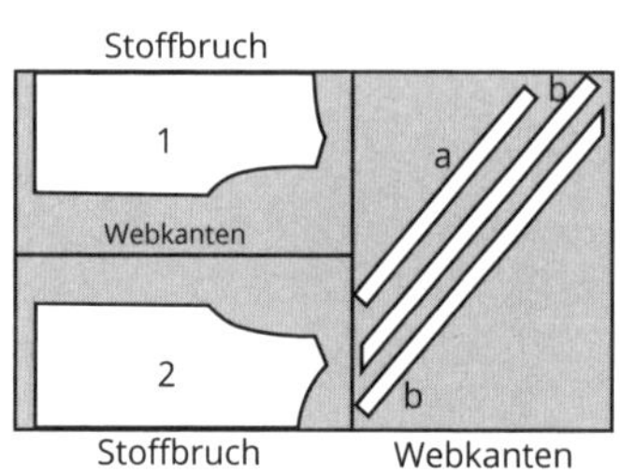

Die Schulternähte mit 1 cm, die Seitennähte mit 2 cm
Nahtzugabe und den Saum mit 3 cm Zugabe zuschneiden.
Hals- und Armausschnitte ohne Zugabe zuschneiden.

Anleitung

Bei Größe 46/48 die Brustabnäher steppen und nach unten bügeln.

Halsausschnitt: Eine Schulternaht rechts auf rechts steppen, Nahtkanten zusammengefasst versäubern und nach hinten bügeln. Den Streifen „a" an den Längskanten jeweils 0,7 cm nach innen bügeln. Dann den Streifen der Länge nach auf ½ Breite umbügeln. Den Schnitt zur Hand nehmen und den Streifen in Halsausschnittform bügeln. Dabei soll die mittlere Umbruchkante etwas kurz gehalten und die anderen Kanten gedehnt werden.
Jetzt die Halsausschnittkante in den offenen Streifen bis an die Umbruchkante legen. Den Streifen zuklappen und knappkantig ansteppen. Dabei die unten liegende Kante des Streifens mitfassen. Die andere Schulternaht rechts auf rechts steppen und weiterverarbeiten wie oben beschrieben.
Die Saumkanten 1 cm nach innen bügeln und 2 cm einschlagen und bügeln. Saum ansteppen.
Die Seitenkanten jeweils zweimal 1 cm einschlagen, bügeln und ansteppen.

Armausschnitte mit Bändern: Die Streifen „b" jeweils an den schrägen Kanten rechts auf rechts steppen und so zu einem Streifen verbinden. Nähte auseinander bügeln. Dann die Streifen bügeln wie oben beschrieben. Die fertig gebügelten Streifen an je einer Seite vom Ende aus 50 cm abmessen. Bis zu dieser Markierung den Streifen knappkantig aufeinander steppen. Das Stück bleibt lose hängen. Dann den Streifen in der Form des Armausschnittes bügeln und die Armausschnittkante in den offenen Streifen bis zum Umbruch schieben.
Nun knappkantig steppen, dabei die unten liegende Kante des Streifens mitfassen. Am Ende des Armausschnittes den Streifen weiter aufeinander steppen, wie am Anfang, sodass auch dieses Stück lose hängen kann.

Die Bänder am Armausschnitt verknoten, bzw. eine Schleife binden.

Top mit Bändern

Wickel-Rock

Vorn mit einem Bindeband zum Verknoten

Schwierigkeitsgrad: ● ○ ○

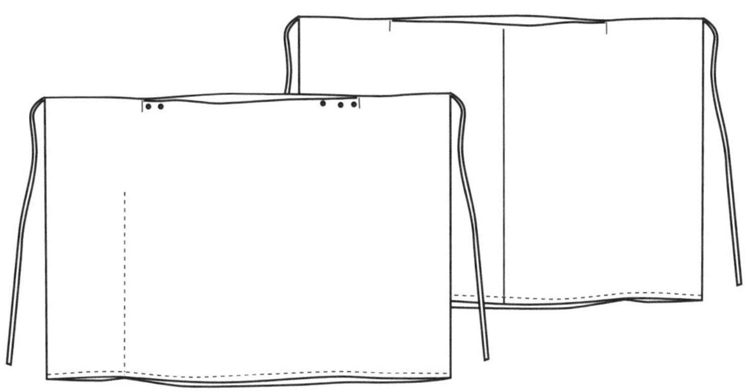

Material

- Wolle feingestrickt 185 cm breit
  Alle Größen; 34/36 bis 46/48 = 0,90 m
  Rocklänge ab Taille = 80 cm
- Gurtband 3 cm breit von Prym, 1 - 1,50 m
- 5 starke Druckknöpfe nähfrei von Prym, 14 mm
- Farblich passendes Nähgarn

Zuschnitt

ⓐ Rockteil vorn und hinten = 1 x im Stoffbruch, 90 cm breit, 80 cm lang

ⓑ Bindeband = 2 x Stoff, 3 cm breit (incl. Nahtzugaben), 80 cm lang

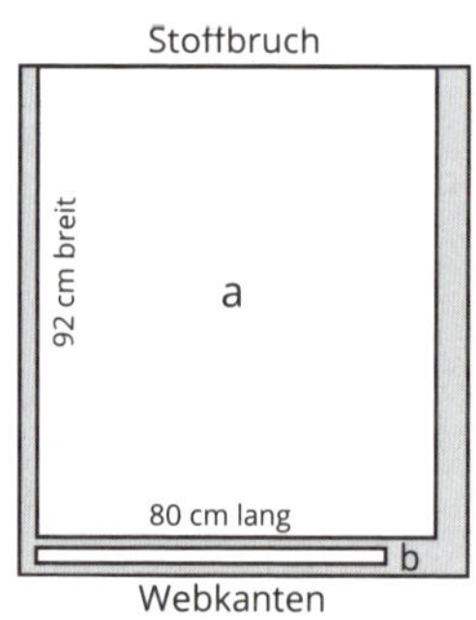

Das Teil a mit 1 cm Nahtzugaben zuschneiden. Für den Saum 2,5 cm zugeben.

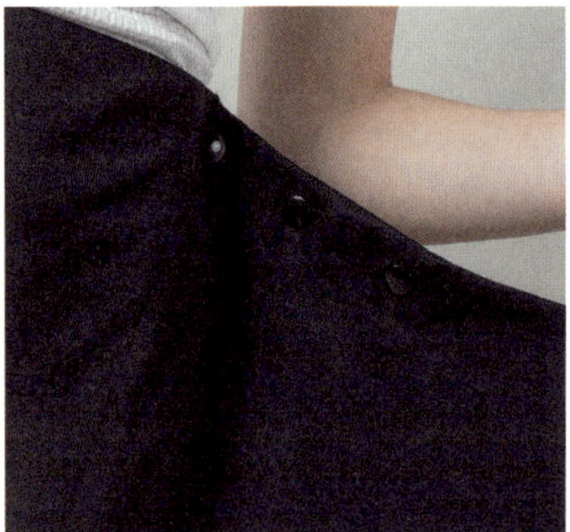

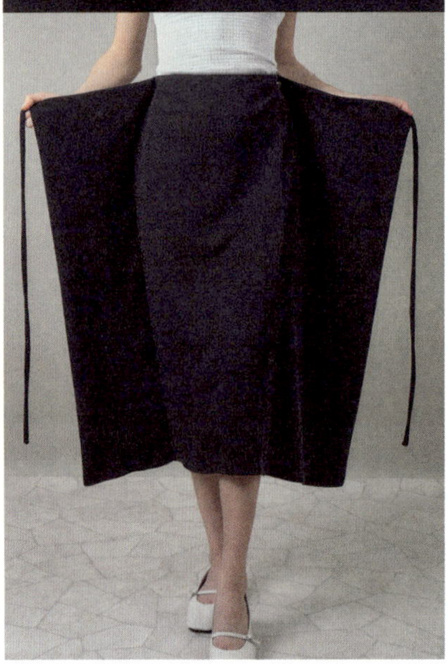

Anleitung

Das Rockteil an den Längskanten rechts auf rechts legen und die Naht mit 1 cm Nahtzugabe steppen. Die Naht auseinander bügeln und die Naht mittig legen, das ist die rückwärtige Mitte und die seitlichen Stoffbrüche einbügeln.
Die Saumkante versäubern, den Saum nach innen bügeln und ansteppen. Den Stoffbruch nachbügeln.

An der oberen Rockkante von der Mitte aus am vord. und rückw. Rock zu jeder Seite ¼ Hüftmaß abmessen und markieren.
Achtung: Vorher ausprobieren. Vorn und hinten von Markierung bis Markierung (= Rocköffnung) das Gurtband mit 1 cm Nahtzugabe an den Rock ansteppen. Den Rock auf links wenden, die oberen Kanten rechts auf rechts legen und jeweils vom Stoffbruch aus zum Gurtband die Kanten steppen. Das Teil wieder nach außen wenden und die oberen Kanten bügeln. Nun von rechts die Gurtbänder an den Enden senkrecht aufeinander steppen. Rechte Bruchkante 25 cm darunter, fortlaufend bis zur Saumkante, absteppen. Die Öffnung mit dem Gurtband sollte die Hüftweite haben. Nun die Taillenweite ausmessen und markieren. Hier werden die Druckknöpfe angebracht. Entweder an jeder Seite, oder nur einseitig. Am rückw. Rock die Unterdrucker nur in das Gurtband einarbeiten und am vord. Rock die Oberdrucker durch Strick und Gurtband sichtbar anbringen.

Bindeband: Die Bindebandstreifen längskantig rechts auf rechts legen und steppen. An einer schmalen Seite quer steppen. Nahtzugaben verschneiden und die Ecken schräg abschneiden. Den Streifen wenden, das geht sehr gut mit dem Wendeset von Prym.
Die Bänder bügeln und die offenen Seiten innen an die oberen Rockecken steppen. Seitliche Bruchkanten nach vorne legen. Die Bänder zu einer Schleife binden.

Wickel-
Rock

Beutel

Mit Taschengriff zum Umhängen und Reißverschlusstasche

Schwierigkeitsgrad: ●●○

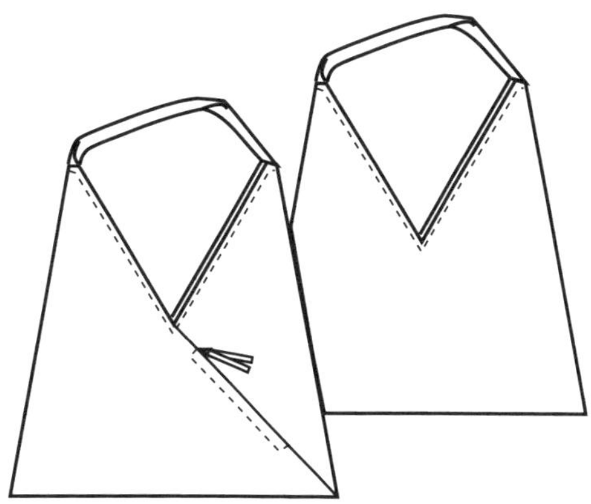

Material

- Reines Leinen stonewashed, 137 cm breit; Einheitsröße = 1,10 m
- Ein Stück Futter für den Taschenbeutel, 30 x 60 cm
- 1 Plastikreißverschluss 20 cm lang
- Farblich passendes Nähgarn

Taschenlänge = 49 cm

Schnittteile

Schnittteile 8 + 9 auf Bogen B
Schwarze Konturlinie

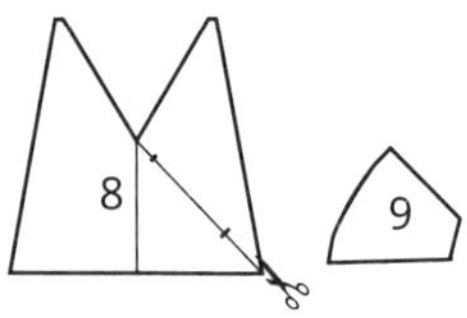

Schnittvorbereitung

Das Papierschnitt-Teil 8 nur für die vordere Taschenseite an der Linie durchschneiden.

Anleitung

Reißverschluss: Die vorderen Taschenteile zeichengemäß bis zur Reißverschlussmarkierung rechts auf rechts steppen. Naht auseinanderbügeln und den Reißverschluss am oberen Teil rechts auf rechts entlang der RV-Schiene steppen. Die andere Seite so auf den Reißverschluss stecken, dass er ganz abgedeckt ist. Reißverschluss ansteppen. Innen die beiden Taschenbeutel einmal an der unteren Kante des Reißverschlusses und den anderen an die obere Kante steppen. Taschenbeutel aufeinander steppen. Jeweils zwei Taschenteile rechts auf rechts legen und die Seiten- und unteren Kanten steppen und so zwei separate Taschen nähen. An der Innentasche unten ein Stück Naht zum Wenden offen lassen. Die Nähte auseinander bügeln.

Den **Taschengriff** anfertigen: Die Streifen „a" rechts auf rechts legen und die Längskanten steppen. Streifen nach außen wenden und die Kanten bügeln. An jeder Längskante 0,5 cm breit absteppen. Die Streifenenden auf die oberen kurzen Kanten der Tasche legen, sodass der Griff auf der Tasche liegt.
Die andere Tasche rechts auf rechts legen und die obere Kante steppen, dabei die Griffenden mitfassen. Nahtzugaben etwas verschneiden und die Tasche durch die Wendeöffnung ziehen. Die Kante bügeln und 0,5 cm breit absteppen. Das Stück offene Naht schließen.
Zipperband der Länge nach falten, Kanten eingeschlagen aufeinander steppen. Zipperband einfädeln und quer feststeppen.

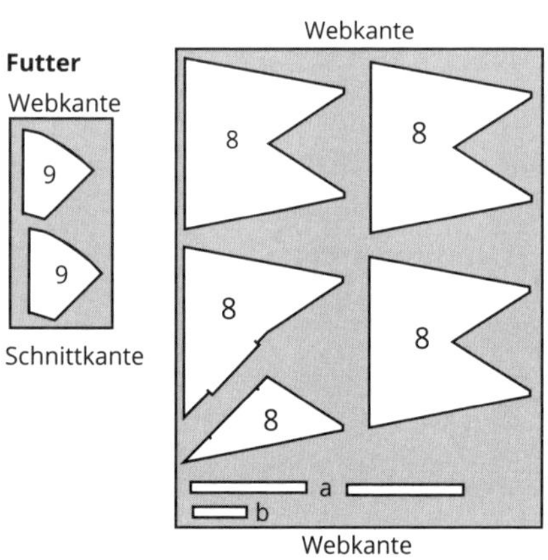

Zuschnitt

(8) Ganzes Taschenteil = 3 x Stoff

(8) Vorderes linkes Taschenteil = 1 x Stoff

(8) Vorderes rechtes Taschenteil = 1 x Stoff

(a) Taschengriffstreifen = 2 x Stoff, 35 cm lang, 3 cm breit

(b) Zipperband = 1 x Stoff, 16 cm lang, 3 cm breit

(9) Taschenbeutel = 2 x Futter

Die Teile mit 1 cm Nahtzugabe zuschneiden.

Maxi-Rock

Eingekräuselt mit Bindebändern

Schwierigkeitsgrad: ● ○ ○

Material

- Leinen stonewashed 137 cm breit
  Alle Größen; 34/36 bis 46/48 = 1,80 m
  Rocklänge ab Taille = 82,5 cm
- Ein Stück Klettband 2 x 2 cm
- Einen Streifen Vlieseline für die Tascheneingriffe
- Farblich passendes Nähgarn

Schnittteile

Schnitt-Teile 3 + 4 auf Bogen D Schwarze Konturlinien

Größe: 34/36
38/40
42/44
46/48

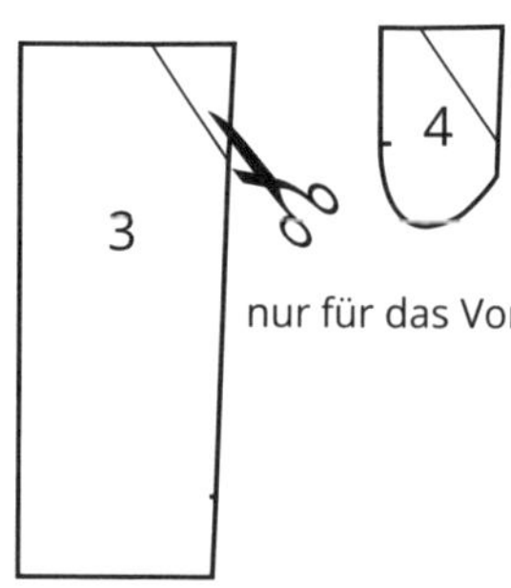

nur für das Vorderteil!

Schnittvorbereitung

Den Papierschnitt 3 einmal kopieren und für das Vorderteil die Ecke an der Hüfte abschneiden. Den Taschenbeutelschnitt vom Hüftteil abpausen.

Zuschnitt

(3) Rückenteil = 1 x im Stoffbruch

(3) Vorderteil = 1 x im Stoffbruch

(4) Hüftteil mit Taschenbeutel = 2 x Stoff
Achtung, gegengleich zuschneiden!

(4) Taschenbeutel = 2 x Stoff
Achtung, gegengleich zuschneiden!

(a) Vorderer Bund mit Bindeband = 1 x Stoff
12 cm breit (6 cm fertig)
Länge: 34/36 = 130 cm; 38/40 = 132 cm;
42/44 = 134 cm; 46/48 = 136 cm

(b) Rückwärtiger Bund mit Bindeband = 1 x Stoff
12 cm breit (6 cm fertig)
Länge: 34/36 = 166 cm; 38/40 = 168 cm;
42/44 = 170 cm; 46/48 = 172 cm

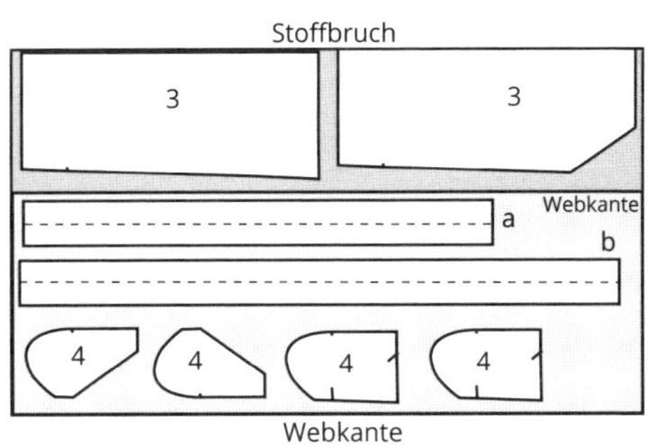

Alle Teile mit 1 cm Nahtzugabe zuschneiden.
Für den Saum 2,5 cm zugeben.

Anleitung

Taschen: Die Tascheneingriffskanten mit einem Streifen Vlieseline fixieren. Taschenbeutel rechts auf rechts auf die Eingriffskante legen und steppen. Auf dem Taschenbeutel, die Nahtzugaben liegen darunter knappkantig steppen. Den Beutel nach innen legen, die Kante bügeln und 0,75 cm breit absteppen.
Die Hüftteile darunter platzieren und die Beutel aufeinander steppen. An der linken Seite bis zur Markierung steppen, der Rest bleibt offen und hier die Kanten versäubern und oben an beiden Taschenbeuteln das Klettband aufsteppen.
Die Seitennähte rechts auf rechts bis zur Schlitzmarkierung steppen, zusammengefasst bis ca. 2 cm über dem Schlitz versäubern und nach hinten bügeln.
Den Rest der Nahtkanten versäubern und auseinander bügeln.
Die Saumkante versäubern, nach innen bügeln und ansteppen. Die Schlitzkanten nach innen bügeln und ansteppen. Die Rockteile auf Bundweite einkräuseln. Dafür einmal mit einem großen Steppstich auf der Nahtlinie steppen und 0,5 cm daneben auf der Nahtzugaben noch einmal steppen. Die Taschenbeutel bis zum Tascheneingriff glatt lassen. An beiden Unterfäden gleichzeitig ziehen und so auf die Bundweite einkräuseln. An den Seiten soll etwas weniger eingekräuselt werden.

Bindeband: Die Bundstreifen an einer Schmalkante rechts auf rechts legen und steppen. Dabei auf der Außenseite eine 4 cm breite Öffnung lassen.
Naht auseinander bügeln und die Öffnung an jeder Seite knappkantig absteppen. Hier wird später das Bindeband durchgezogen. Den gesamten Bundstreifen längskantig zur Hälfte um bügeln.

Den rückw. Bund (das ist das längere Band) beginnend am Rückenteil, auf der rechten Seite, offen an den Rock stecken, über die linke Seitennaht bis zum Taschenbeutelende. Den vorderen Bund von der rechten Seite über die vord. Mitte bis zum linken Tascheneingriff anstecken. Den Bund mit 1 cm Nahtzugabe ansteppen. Die lose hängenden Bandenden rechts auf rechts legen und aufeinander steppen.
Die Bindebänder sollen nur 5 cm breit sein, also hier 2 cm Nahtzugabe abnähen. An den Enden quer abnähen. Die Nahtzugaben verschneiden. Die Ecken schräg abschneiden und die Bänder nach außen wenden. Das geht sehr gut mit dem Wendeset von Prym.
Die Bänder bügeln und innen am Rock die Nahtzugaben nach innen bügeln, fest stecken und von außen im Nahtschatten fest steppen.

Das linke lose Band innen durch die Seitennahtöffnung ziehen, einmal um den rückw. Rock herum nach vorn. Das vordere Bindeband auch einmal hinten herum und die Bänder vorn verknoten.

Rock mit
Bindeband

U-Boot Top

Mit angesetzten Ärmelblenden, ohne Verschluss

Schwierigkeitsgrad: ● ○ ○

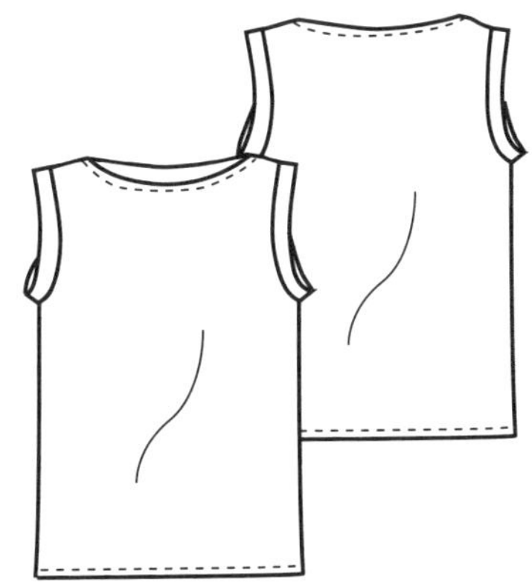

Material

- Viskose/Rayon, 145 cm breit

Größe:	Rückenlänge:
34/36 = 0,70 m	= 60,5 cm
38/40 = 0,75 m	= 61,5 cm
42/44 = 0,75 m	= 62,5 cm
46/48 = 0,75 m	= 63,5 cm

- Duchesse-Schrägband farblich passend von Prym 2 cm breit
- Farblich passendes Nähgarn

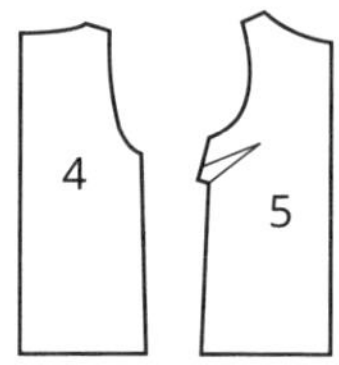

Schnittteile

Schnittteile 4 + 5 auf Bogen A Schwarze Konturlinien

Größe: 34/36
38/40
42/44
46/48

Zuschnitt

(4) Rückenteil = 1 x im Stoffbruch

(5) Vorderteil = 1 x im Stoffbruch

(a) Ärmelblenden = 2 x Stoff, 6 cm breit (3 cm fertig)
Länge: 34/36 = 51 cm; 38/40 = 53,5 cm;
42/44 = 56,5 cm; 46/48 = 59,5 cm

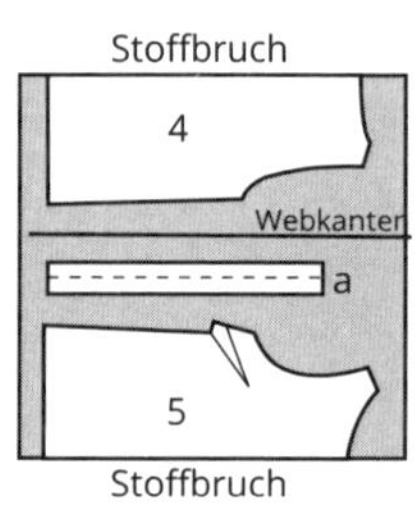

Die Teile mit 1 cm Nahtzugabe zuschneiden.
Saum mit 3 cm Zugabe zuschneiden.

Anleitung

Halsausschnitt: Eine Schulternaht rechts auf rechts steppen, Nahtkanten zusammengefasst versäubern und nach hinten bügeln. Das Schrägband offen mit einer Kante an den Halsausschnitt legen und 1 cm breit steppen. Die Naht knapp zurückschneiden, das Band nach innen legen und die Kante bügeln. Das Band am Außenrand etwas dehnen und so dem Halsausschnitt anpassen. Das Band auf 1,5 cm Breite verschneiden, 0,5 cm nach innen bügeln und knappkantig an den Halsausschnitt steppen. Von außen sollte die Naht jetzt 1 cm breit abgesteppt sein. Die andere Schulternaht steppen und weiter verarbeiten, wie oben beschrieben. Seitennähte rechts auf rechts steppen, Nahtkante jeweils zusammengefasst versäubern und nach hinten gerichtet bügeln. Den Saum 1 cm einschlagen und 2 cm umschlagen bügeln und ansteppen.

Ärmelblenden: Die Blendenstreifen an den Schmalkanten jeweils rechts auf rechts zu einem Rund steppen. Naht auseinanderbügeln und die Blende längskantig auf ½ Breite umbügeln. Die Blende zusammengefasst, rechts auf rechts an die Armausschnitte steppen, dabei die Blendennaht an die Seitennaht setzen. Nahtkanten zusammengefasst versäubern und zum Top gerichtet bügeln.

U-Boot
Top

Wickel-Kleid

Mit überschnittenen Schultern und gekräuseltem Rock

Schwierigkeitsgrad: ●●○

Material

- Baumwolle Double Gauze, 135 cm breit

Größe:	Seitenlänge ab Taille:
34/36 = 1,80 m	= 64 cm
38/40 = 1,90 m	= 64 cm
42/44 = 1,95 m	= 64 cm
46/48 = 2,55 m	= 64 cm

- 2 Knöpfe 20 mm groß
- Vlieseline H180
- Farblich passendes Nähgarn

Schnittteile

Schnittteile 1 + 2 auf Bogen D Schwarze Konturlinien

Größe: 34/36
38/40
42/44
46/48

Die Rockschnittteile a - b - c sind vermaßt angegeben. Bitte in der jeweiligen Größe die Maße direkt auf den Stoff zeichnen.

Schnittvorbereitung

Die Besätze von Vorder- und Rückenteil auf die entsprechenden Größen übertragen und kopieren.

Vorn ein großer Knopf und ein Unterknopf.

Zuschnitt

(1) Rückenteil = 1 x im Stoffbruch

(1) Rückw. Besatz = 1 x im Stoffbruch, 1 x Vlieseline

(2) Vorderteil = 2 x Stoff,
Achtung: gegengleich zuschneiden!

(2) Vord. Besatz = 2 x Stoff, 2 x Vlieseline

(a) Rückwärtiges Rockteil = 1 x im Stoffbruch
(Maße für die halbe Breite)
Breite: 34/36 = 29,5 cm; 38/40 = 31,5 cm;
42/44 = 33,5 cm; 46/48 = 36,5 cm

(b) Vorderes rechtes Rockteil = 1 x im Stoffbruch
(Maße für die halbe Breite)
Breite: 34/36 = 28,75 cm; 38/40 = 31,25 cm;
42/44 = 33,25 cm; 46/48 = 35,75 cm

(c) Vorderes linkes Rockteil = 1 x Stoff
Breite: 34/36 = 38,5 cm; 38/40 = 42,5 cm;
42/44 = 46,5 cm; 46/48 = 51,5 cm

Rockteil-Länge: alle Größen = 64 cm lang

Gr. 34/36 + 38/40

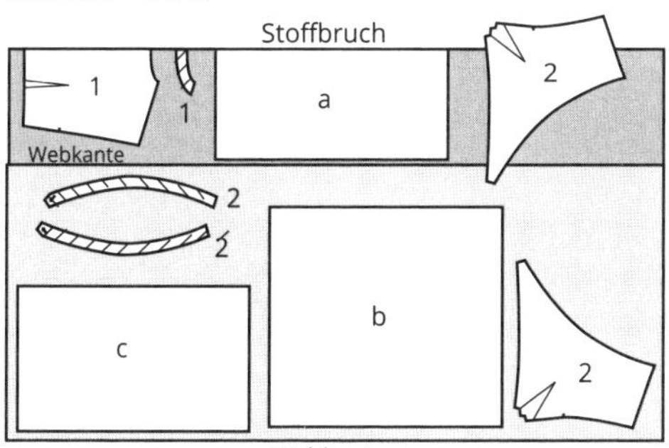

Gr. 42/44

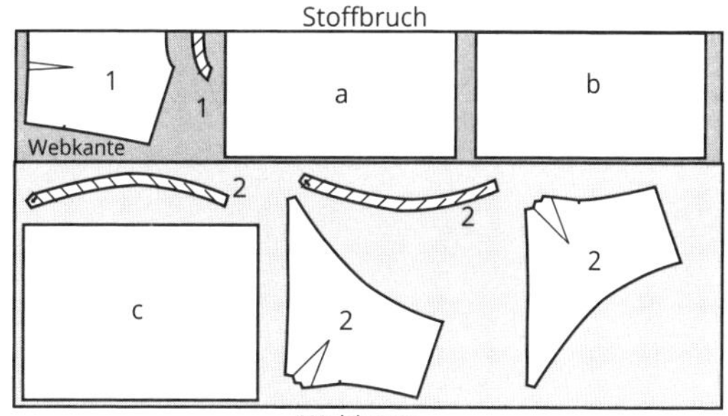

Gr. 46/48

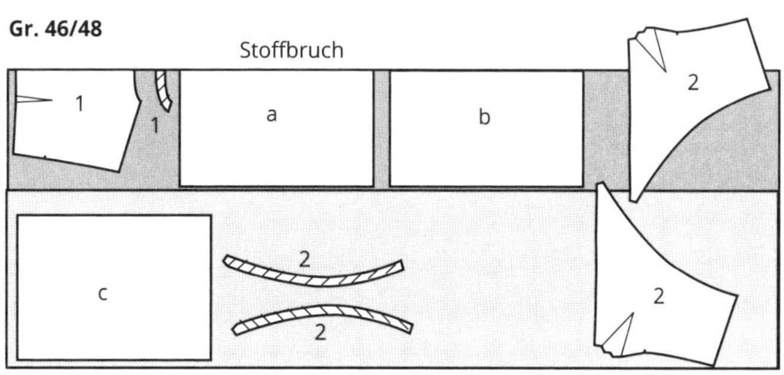

Die Teile mit 1 cm Nahtzugabe zuschneiden. Saum und vordere Kanten mit 3 cm Zugabe zuschneiden.

Anleitung

Die Brustabnäher und rückw. Taillenabnäher spitz auslaufend steppen und nach unten, bzw. zur Mitte gerichtet bügeln. Schulternähte rechts auf rechts steppen, Nahtkanten jeweils zusammengefasst versäubern und nach hinten bügeln.

Die Besätze an den Schultern rechts auf rechts zusammensetzen, Nähte auseinander bügeln und die Außenkante des Besatzes versäubern. Besatz rechts auf rechts auf den Halsausschnitt stecken und mit 1 cm Nahtbreite steppen. Das senkrechte Stück vord. Kante gleich mit steppen. Nahtzugaben etwas verschneiden und die Ecken abschneiden. Dann auf dem Besatz, die Nahtzugaben liegen darunter knappkantig steppen. Den Besatz nach innen bügeln aber noch nicht ansteppen!

Die Seitennaht- und die Armausschnittkanten versäubern und die Seitennähte rechts auf rechts bis zur Armausschnittmarkierung steppen. Nähte auseinander bügeln, die Armausschnittkanten nach innen bügeln und feststeppen. Die Rockteile an den Seiten rechts auf rechts zusammensetzen. Nahtkanten jeweils zusammengefasst versäubern und nach hinten bügeln. Die Saumkante und vord. Kanten 1 cm einschlagen und 2 cm umschlagen, bügeln und ansteppen.

Die obere Rockkante einkräuseln: Dafür einmal auf der Nahtlinie mit einem großen Steppstich steppen, dann 0,5 cm daneben auf der Nahtzugabe steppen. Gleichmäßig an beiden Unterfäden ziehen und so die Weite auf das Oberteil einkräuseln. Das linke Rockteil (Untertritt) wird glatt angenäht. Darauf achten, dass die Kräuselung hauptsächlich mittig angeordnet ist und im Bereich der Seitennaht der Rock glatt bleibt. Das Oberteil rechts auf rechts an den Rock stecken. An der vord. Kante die Besätze nach außen umklappen und den Rock ansteppen. Nahtkanten zusammengefasst versäubern und nach oben gerichtet bügeln. Den Besatz anstecken oder heften und im Verlauf der Besatzkante ansteppen.

Die Knopflöcher im Obertritt und im Untertritt einarbeiten und die Knöpfe annähen.

Wickel-
Kleid

Shirt

Mit V-Ausschnitt und gekrempelten Ärmelblenden

Schwierigkeitsgrad: ● ○ ○

Material

- Baumwolle Double Gauze, 132 cm breit

Größe:	Rückenlänge:
34/36 = 1,15 m	= 69 cm
38/40 = 1,15 m	= 70 cm
42/44 = 1,60 m	= 71 cm
46/48 = 1,65 m	= 72 cm

- Vlieseline H180
- Farblich passendes Nähgarn

Schnittteile

Schnittteile 3 + 4 auf Bogen C Schwarze Konturlinien

Größe: 34/36
38/40
42/44
46/48

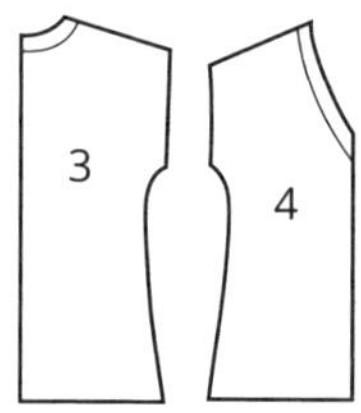

Schnittvorbereitung

Die Besätze vom Vorder- und Rückenteil auf die entsprechenden Größen übertragen und kopieren.

Zuschnitt

(3) Rückenteil = 1 x im Stoffbruch

(3) Rückw. Besatz = 1 x im Stoffbruch, 1 x Vlieseline

(4) Vorderteil = 1 x im Stoffbruch

(4) Vord. Besatz = 1 x im Stoffbuch, 1 x Vlieseline

(a) Ärmelblende = 2 x Stoff, 9 cm breit (4,5 cm fertig)
Länge: 34/36 = 41,25 cm; 38/40 = 43 cm;
42/44 = 45 cm; 46/48 = 47 cm

Gr. 34/36 + 38/40

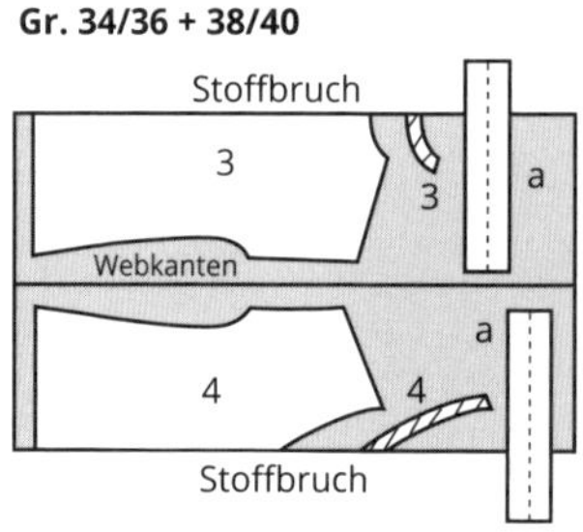

Gr. 42/44 + 46/48

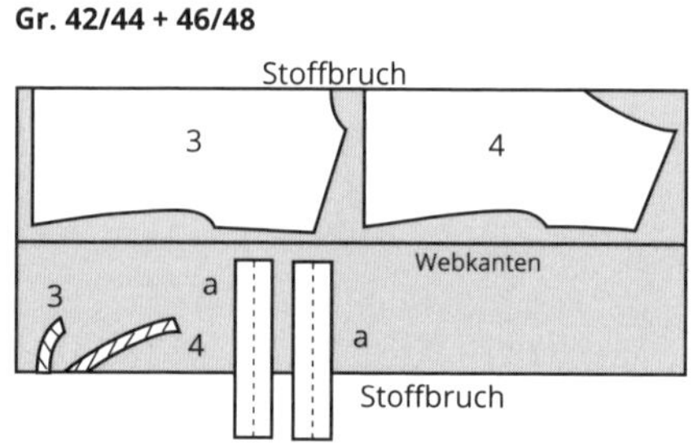

Die Teile mit 1 cm Nahtzugabe zuschneiden. Saum mit 2,5 cm Zugabe zuschneiden.

Shirt

Anleitung

Halsausschnitt: Die Besätze mit Vlieseline fixieren. Die Schulternähte und die der Besätze rechts auf rechts steppen, Nahtkanten am Shirt zusammengefasst versäubern und nach hinten bügeln. Die Nahtkanten am Besatz nach vorn bügeln. Die Besatzkante versäubern und den Besatz rechts auf rechts auf den Halsausschnitt mit 1 cm Naht steppen. Nahtkanten knapp zurückschneiden und an der vorderen Ecke bis knapp vor die Naht einschneiden. Den Besatz nach innen wenden und die Ausschnittkante gut bügeln. Den Besatz anstecken oder heften und entlang der Besatzkante ansteppen. Die Seitennähte steppen, jeweils zusammengefasst versäubern und nach hinten bügeln. Die Saumkante versäubern, nach innen bügeln und ansteppen.

Ärmelblenden: Die Blendenteile rechts auf rechts an den Schmalkanten zu einem Rund steppen, Nähte auseinander bügeln und eine Längskante versäubern. Mit der nicht versäuberten Kante rechts auf rechts an die Armausschnitte steppen. Nähte auseinander bügeln und die andere Längskante innen auf die erste Nahtlinie stecken. Die Kante ansteppen und die Blende auf ½ Breite umbügeln. Dann die Blende einmal nach außen umkrempeln.

Kimono

Mantel zum Wenden mit seitlichen Eingriffstaschen

Schwierigkeitsgrad: ●●○

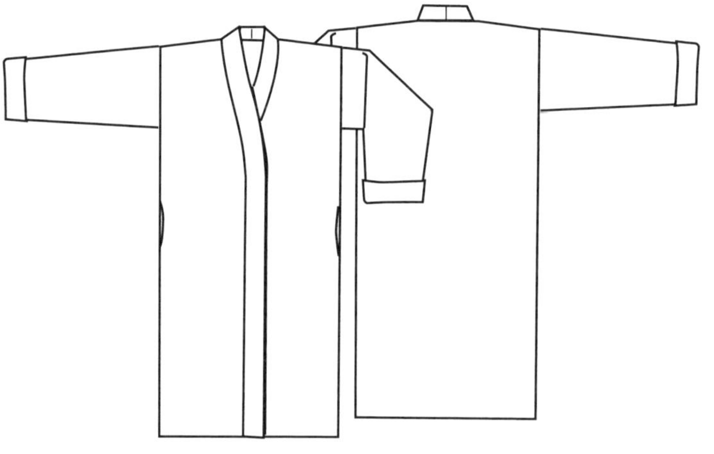

Material

Oberstoff

- Viskose mit Dots, 145 cm breit

Größe:	Rückenlänge:
34/36 = 1,70 m	= 98,5 cm
38/40 = 1,70 m	= 99,5 cm
42/44 = 2,10 m	= 100,5 cm
46/48 = 2,30 m	= 101,5 cm

Innenstoff

- Waffelpiqué Schwarz uni 148 cm breit

Größe:
34/36 = 1,60 m
38/40 = 1,60 m
42/44 = 2,00 m
46/48 = 2,25 m

- Vlieseline 250
- Farblich passendes Nähgarn

Bedruckte Viskose
&
Waffelpiqué

Eine Seite:
Waffelpiqué

Schnittteile

Schnittteile 6 - 10 auf Bogen A Schwarze Konturlinien

Größe: 34/36
38/40
42/44
46/48

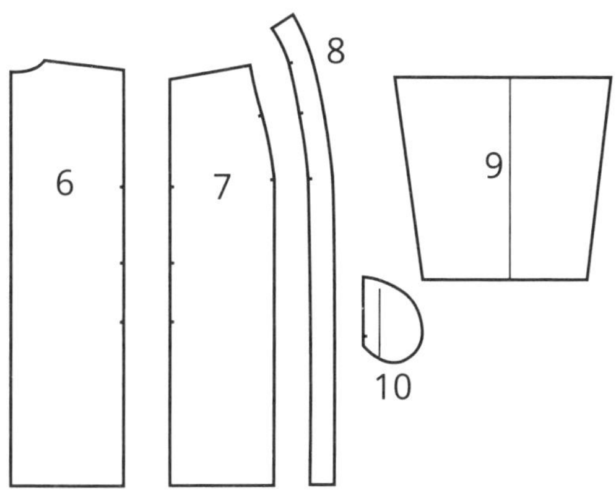

Schnittvorbereitung

Die Schnittteile 6 + 7 um 25 cm verlängern und das Schnittteil 8 um 40 cm verlängern.

Zuschnitt

Oberstoff:

- (6) Rückenteil = 1 x im Stoffbruch
- (7) Vorderteil = 2 x Stoff
- (8) Blende = 2 x Stoff, 2 x Vlieseline
- (9) Ärmel = 2 x Stoff
- (10) Taschenbeutel = 4 x Stoff

Gr. 34/36 + 38/40
Viskose bedruckt

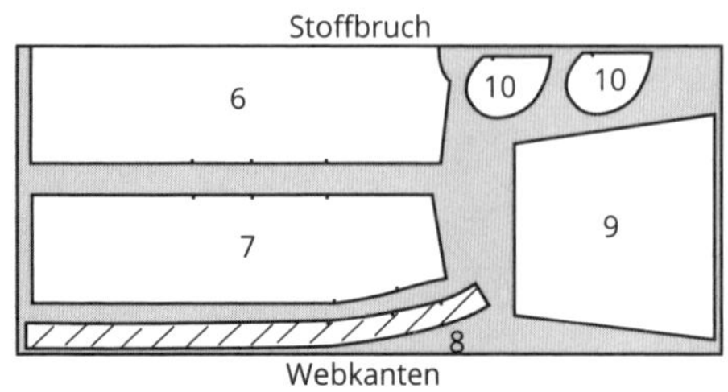

Gr. 42/44

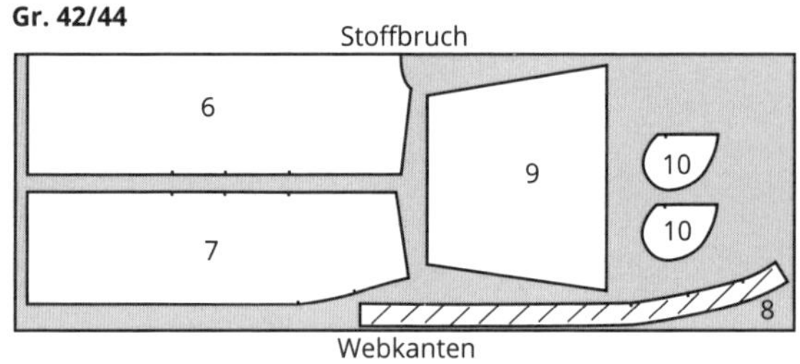

Gr. 46/48

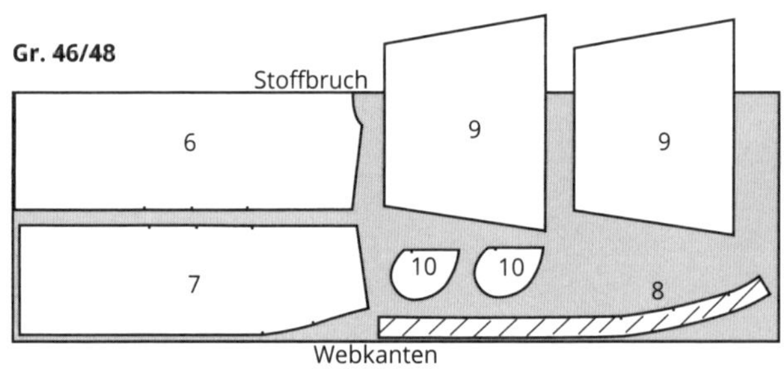

Innenstoff:

- (6) Rückenteil = 1 x im Stoffbruch
- (7) Vorderteil = 2 x Stoff
- (8) Blende = 2 x Stoff
- (9) Ärmel 2 x Stoff
- (10) Taschenbeutel = 4 x Stoff

Waffelpiqué uni Schwarz für alle Größen

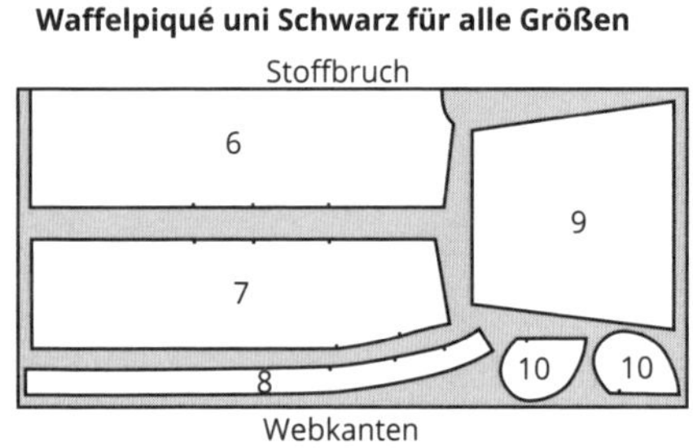

Die Teile mit 1 cm Nahtzugabe zuschneiden.

Eine Seite:
Bedruckte Viskose

Wende-
Kimono

Anleitung

Zwei separate Kimonos nähen.

Oberstoffmantel: Die Schulternähte rechts auf rechts steppen, Nähte auseinander bügeln.

Vordere Blende: Die Blendenteile rechts auf rechts legen und die rückw. Mittelnaht steppen. Nahtkanten auseinander bügeln. Die Blende rechts auf rechts an die vordere Kante steppen dabei die Schulterzeichen und die vorderen Zeichen beachten. Die Nahtzugaben zur Blende gerichtet bügeln.

Taschen: Die Taschenbeutel jeweils zeichengemäß rechts auf rechts an die seitl. Kanten steppen. Die Seitennähte rechts auf rechts steppen, dabei die Tascheneingriffe offen lassen. Nähte auseinander bügeln, den vorderen Taschenbeutel nach vorn bügeln und den rückwärtigen Taschenbeutel nach vorn legen. Die Taschenbeutel jeweils aufeinander steppen.

Ärmel: Ärmel jeweils rechts auf rechts legen und die Nähte steppen. An der Ärmeleinsatznaht nicht ganz bis zum Ende durchsteppen sondern nur bis zur Nahtzugabe steppen und hier verriegeln. Nähte auseinander bügeln. Die Ärmel zeichengemäß rechts auf rechts in die Armausschnitte stecken. Auch hier wieder nur bis zur Nahtzugabe steppen und die Nahtkanten zum Kimono gerichtet bügeln. Das Innenfutter genauso verarbeiten wie den Oberstoffmantel.

Das Innenfutter rechts auf rechts auf den Oberstoffmantel legen. Die Blendenkanten und die Säume genau aufeinander stecken und Blenden und Saum mit 1 cm Nahtzugabe steppen. Dabei am Saum ein Stück Naht, ca. 25 cm, offenlassen.
Den Mantel nach außen wenden, die Kanten und den Saum gut flachbügeln. Die Außenblende glatt auf die Innenblende stecken und von außen im Nahtschatten, das heißt dicht neben der Ansatznaht, aufeinander steppen.
Jetzt durch einen Ärmel in den Kimono greifen und die Nahtzugaben des anderen Ärmels nach innen aneinander legen, festhalten und den Ärmel herausziehen. Außenstoff und Innenstoff aufeinander stecken, dabei die Ärmelnähte passend aufeinanderlegen und die untere Ärmelkante steppen. Den Ärmel wieder nach außen ziehen und die Kante flachbügeln. Genauso mit dem anderen Ärmel verfahren, nur hier durch das offene Stück Naht am Saum greifen.
Die Kante bügeln und das offene Stück am Saum mit unsichtbaren Stichen per Hand schließen.
Die Ärmel nach Belieben hochkrempeln.

Kimono-Kleid

Mit gerade geschnittenen Kimonoärmeln und V-Ausschnitt

Schwierigkeitsgrad: ● ○ ○

Material

- Viskose Crepe, 140 cm breit

Größe:	Rückenlänge:
34/36 = 1,60 m	= 97 cm
38/40 = 2,20 m	= 98 cm
42/44 = 2,20 m	= 99 cm
46/48 = 2,30 m	= 100 cm

- Vlieseline H180
- Farblich passendes Nähgarn

Der Rock ist eingekränselt
mit seitlichen Eingriffstaschen.

Schnittteile

3 + 3a, 4 + 5 auf Bogen B Schwarze Konturlinien

Größe: 34/36 ••••••••••••••••••••••••••••••
38/40 ⊢⊢⊢⊢⊢⊢⊢⊢⊢⊢⊢⊢⊢⊢⊢⊢⊢⊢⊢⊢⊢⊢⊢
42/44 ∘∘∘∘∘∘∘∘∘∘∘∘∘∘∘∘∘∘∘∘∘∘∘∘∘∘∘∘∘∘∘∘∘
46/48 ‐

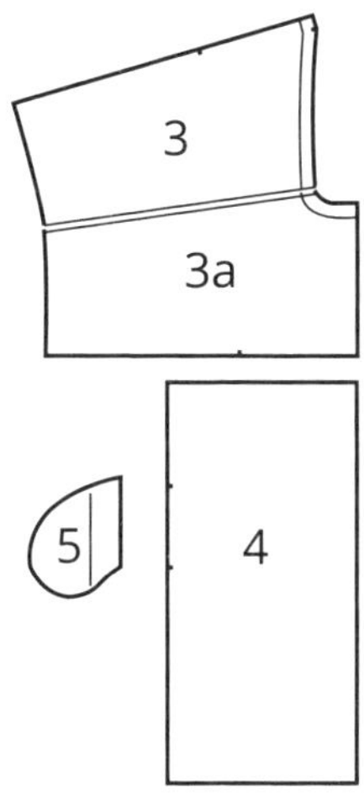

Schnittvorbereitung

Die Papierschnitt-Teile 3 + 3a an den entsprechenden Zusammensetzlinien aneinanderkleben. Den Besatz von Vorder- und Rückenteil auf die entsprechenden Größen übertragen und kopieren.

Zuschnitt

③ Rücken- und Vorderteil mit angeschn. Ärmel = 1 x im Stoffbruch, für Gr. 46/48 mit rückw. Mittelnaht und quer zum Fadenlauf zuschneiden!

③ Vord. und rückw. Halsausschnittbesatz = 1 x im Stoffbruch,1 x Vlieseline.
Für Gr. 34/36 mit rückw. Mittelnaht zuschneiden!

④ Rückw.+ vord. Rockteil = je 1 x im Stoffbruch

⑤ Taschenbeutel = 4 x Stoff

Gr. 34/36

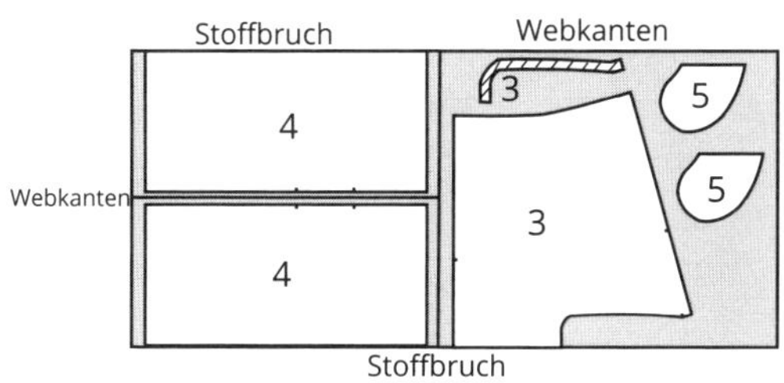

Gr. 38/40 + 42/44

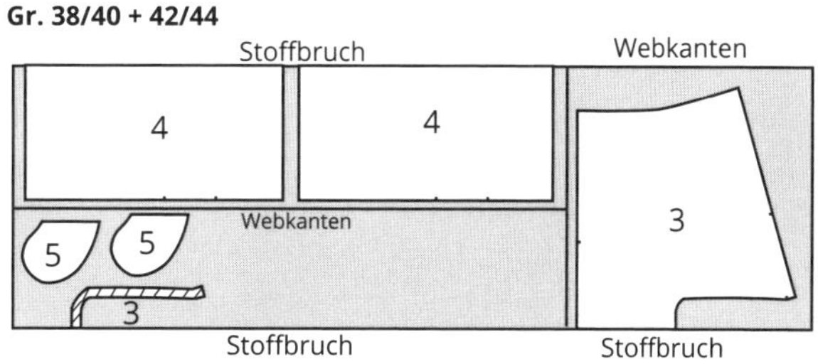

Gr. 46/48

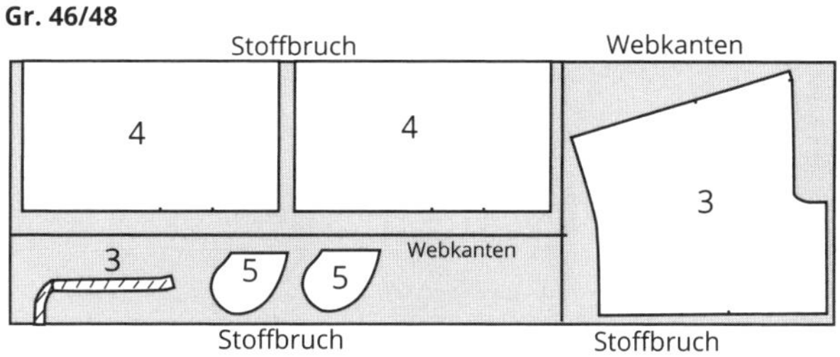

Die Teile mit 1 cm Nahtzugabe zuschneiden. Säume mit 2 cm Zugabe zuschneiden.

Anleitung

Die Vorderteile rechts auf rechts legen und die kurze Mittelnaht steppen. Für Gr. 46/48 auch die rückw. Mitte steppen. Naht auseinander bügeln.
Den Halsausschnittbesatz für Gr. 34/36 an der vord. Mitte zusammensetzen, Naht auseinander bügeln und den Besatz mit Vlieseline fixieren. Die Außenkante versäubern. Besatz rechts auf rechts auf den Halsausschnitt stecken und mit 1 cm Nahtbreite steppen.
Die Nahtzugaben knapp verschneiden, den Besatz nach innen wenden und die Kanten bügeln. Die Ärmelnähte rechts auf rechts bis zur Markierung steppen, Nahtkanten jeweils zusammengefasst versäubern und nach hinten bügeln. Ärmelsaumkanten nach innen bügeln, einschlagen und ansteppen. Die Seitennahtkanten und die Taschenbeutel jeweils rundherum versäubern. Taschenbeutel zeichengemäß an die Rockteile steppen. Seitennähte steppen und auseinander bügeln. Vorderer Taschenbeutel nach vorn bügeln, den rückw. Beutel nach vorn legen. Die Taschenbeutel aufeinander steppen. Saumkante nach innen bügeln, einschlagen und ansteppen. Den Rock vorn und hinten zeichengemäß einkräuseln. Dazu mit einem großen Steppstich auf der Nahtlinie steppen, dann 0,5 cm daneben auf der Nahtzugabe steppen. Jeweils an beiden Unterfäden ziehen und so den Rock auf die Oberteilweite einkräuseln. Dabei im Bereich der Seitennähte glatter lassen. Den Rock rechts auf rechts an das Oberteil steppen. Die Nahtkanten zusammengefasst versäubern und nach oben bügeln. Den Besatz auf Vorder- und Rückenteil stecken oder heften und entlang der Besatzkante ansteppen. Die Nahtzugabe an der vorderen Halsausschnittecke auf die Naht legen und von rechts im Nahtschatten durchsteppen.

Kimono-
Kleid

Clutch

Einfache Tasche zum Wenden mit Knebelverschluss

Schwierigkeitsgrad: ● ○ ○

Material

- Oberstoff: Canvas Brush, 150 cm breit
  Alle Größen = 0,35 m
- Innenstoff: Baumwolle mit Fischgrat, 140 cm breit
  Alle Größen = 0,35 m
- 2 Knebelverschlüsse von Union Knopf
- Volumenvlies H 640
- Farblich passendes Nähgarn

Einheitsgröße: Taschenlänge = 32 cm

Anleitung

Den Oberstoff vorerst grob zuschneiden, mit dem Volumenvlies fixieren und nun genau zuschneiden. Von der oberen Kante mittig nach unten 29 cm abmessen und hier den Knebelverschluss anstecken. Verschluss knappkantig aufsteppen. Genauso am Innenstoff verfahren. Oberstoff und Innenstoff jeweils quer zur Hälfte in den Bruch legen und rechts auf rechts die Seiten steppen und zwei separate Taschen nähen. Dabei am Innenstoff ein Stück Naht zum Wenden der Tasche offen lassen. Die Nähte auseinander bügeln und den Oberstoff nach außen wenden. Die Schlaufe eines Knebelverschlusses mittig auf der gegenüberliegenden oberen Kante des bereits angesteppten Knebels der Oberstofftasche anstecken. Dabei liegt die Schlaufe auf der Tasche und feststeppen. Die Innentasche über die Oberstofftasche ziehen, sodass die Knebel von Ober- und Innentasche an der selben Seite sitzen. Die Teile liegen jetzt rechts auf rechts. Die obere Kante steppen. Die Tasche durch die Wendeöffnung nach außen ziehen, die Schlaufe herausziehen. Die Kante gut bügeln und von außen 1,5 cm absteppen. Die Wendeöffnung mit ein paar Handstichen unsichtbar zunähen. Die Innentasche sorgfältig in die Außentasche stecken und alles bügeln. Tasche mit dem Knebel verschließen.

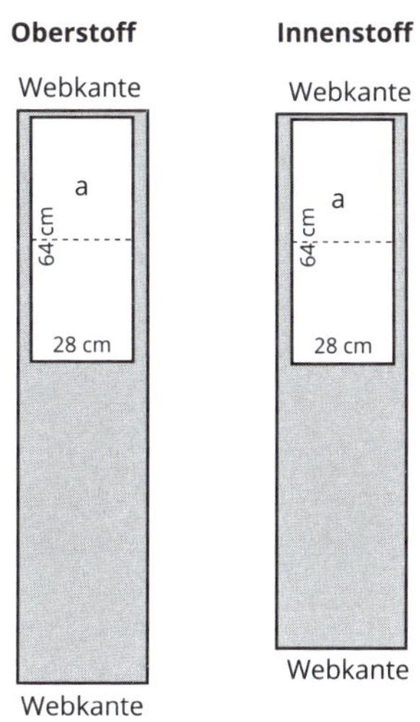

Zuschnitt

Jeweils einmal aus Oberstoff, Innenstoff und Volumenvlies: 28 cm breit, 64 cm lang (32 cm fertig), zuzüglich 1 cm Nahtzugaben zuschneiden.

Shorts

Kurze Hose mit Bundfalten und Gürtelschlaufen.

Schwierigkeitsgrad: ●●●

Material

- Reines Leinen stonewashed 137 cm breit

Größe:	Seitenlänge:
34/36 = 0,80 m	= 44 cm
38/40 = 0,90 m	= 45,5 cm
42/44 = 1,05 m	= 47 cm
46/48 = 1,10 m	= 48,5 cm

- 1 Reißverschluss 17 cm lang
- 2 Metalldrucker nähfrei von Prym 14 mm groß
- 1 Streifen Vlieseline für die Tascheneingriffe
- Kordelband oder Gürtel für die Taille
- Farblich passendes Nähgarn

Reißverschluss vorn
und Drucker.
Mit seitlichen
Eingriffstaschen

Schnittteile

Schnittteile 5 + 6+ 7 auf Bogen D Schwarze Konturlinien

Größe: 34/36
38/40
42/44
46/48

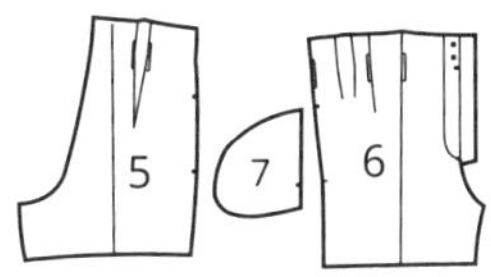

Zuschnitt

(5) Rückw. Hosenteil = 2 x Stoff

(6) Vord. Hosenteil = 2 x Stoff

(7) Taschenbeutel = 4 x Stoff

(a) Streifen für 6 Gürtelschlaufen = 1 x Stoff
50 cm lang, 5 cm breit (incl. Nahtzugaben)

(b) Untertritt für vord. Reißverschluss = 1 x Stoff
23,5 cm lang, 6 cm (3 fertig) breit

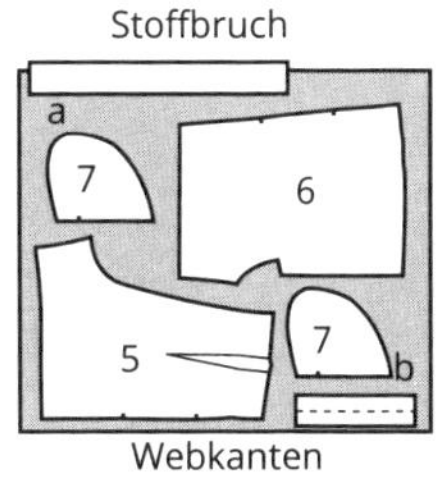

Die Teile mit 1 cm Nahtzugabe, die oberen Kanten mit 1,5 cm Zugabe zuschneiden und für die Säume 3 cm zugeben.

Anleitung

Die rückw. Abnäher spitz auslaufend steppen. Abnäher zur Mitte gerichtet bügeln. Die vorderen Falten von der oberen Kante nach unten 7 cm zusteppen. Die Nahtkanten sämtlicher Teile versäubern.

Taschen: Einen Einlagestreifen, ca. 2 cm breit auf den vorderen Tascheneingriff bügeln. Die Taschenbeutel jeweils am Vorder- und Rückenteil ansteppen. Am Vorderteil die Kante bügeln und die Beutel aufeinander steppen. Die Seitennähte rechts auf rechts steppen, dabei die Tascheneingriffe offen lassen. Die Nähte nach vorne gerichtet bügeln.

Reißverschluss: Die Vorderteile rechts auf rechts legen und die Schrittnaht ab Reißverschlussmarkierung steppen. Naht auseinander bügeln, dabei die Nahtzugaben dehnen. An der rechten vord. Mitte den angeschnittenen Besatz nach außen umlegen und den Besatz an der oberen Kante steppen. Den Besatz nach innen wenden und die obere Kante bügeln. Dann die gesamte obere Kante 1,5 cm nach innen bügeln, 0,5 cm einschlagen und ansteppen.
An der linken vorderen Mitte 1 cm vorbügeln.
Den Reißverschluss auseinander ziehen und an der linken Seite unter die vorgebügelte Kante stecken.
Die RV-Zähnchen stehen vor. Mit einem einseitigen Steppfuß knappkantig ansteppen.
RV wieder zuziehen und die vorderen Mitten aufeinander stecken. Das Vorderteil umdrehen und das Reißverschlussbändchen an den Besatz der rechten Seite steppen. Nur auf den Besatz steppen, das Vorderteil nicht mitfassen!
Dann von rechts den Reißverschluss-Schlitz, wie im Schnitt markiert absteppen.
Den RV-Untertritt längskantig rechts auf rechts legen und die Schmalkanten steppen. Untertritt nach außen wenden und bügeln. Die offenen langen Kanten zusammengefasst versäubern. Den Untertritt rechts unter die linke vord. Mitte stecken. In der ersten Naht steppen, das Reißverschlussbändchen zwischenfassen. Den Untertritt an der unteren Schmalseite von innen an den Obertritt-Besatz steppen.

Gürtelschlaufen: Jetzt werden die Gürtelschlaufen hergestellt. Den Streifen „b" längskantig an jeder Seite 0,5 cm nach innen bügeln. Die Bruchkanten aufeinander legen und knappkantig absteppen. Die Schlaufen sollen 2 cm fertig breit sein. Die andere Kante ebenfalls absteppen. Den Streifen glatt bügeln und in sechs Teile je 8 cm lang schneiden.
Die Gürtelschlaufen, wie im Schnitt eingezeichnet an den Enden eingeschlagen knappkantig aufsteppen.

Hose zusammensetzen: Saumkanten nach innen bügeln. Die inneren Hosenbeine rechts auf rechts steppen, dabei die Säume wieder nach außen klappen. Nahtkanten jeweils auseinander bügeln und die Säume steppen.
Das eine Hosenbein rechts auf rechts in das andere stecken und die rückw. Schrittnaht steppen.
Naht auseinander bügeln.

Die Drucker nach Anleitung einschlagen.

Shorts

Mit seitlichen Eingriffstaschen und abgerundetem Saum

Maxi-Kleid

Aus stonewashed Leinen und mit V-Ausschnitt

Schwierigkeitsgrad: ● ○ ○

Material

- Reines Leinen, 137 cm breit

Größe:	Rückenlänge:
34/36 = 2,65 m	= 121 cm
38/40 = 2,65 m	= 122 cm
42/44 = 2,70 m	= 123 cm
46/48 = 2,70 m	= 124 cm

- Farblich passendes Nähgarn

Schnittteile

Schnittteile 3 + 3a, 4 + 5 auf Bogen C
Schwarze Konturlinien

Größe: 34/36
38/40
42/44
46/48

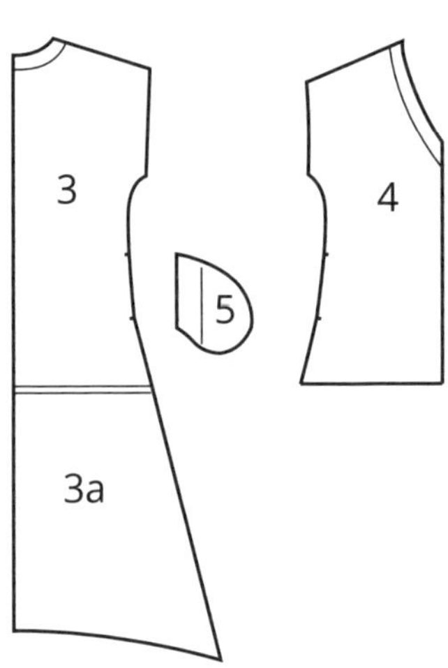

Schnittvorbereitung

Die Papierschnitt-Teile 3 + 3a sowie 4 + 3a an den entsprechenden Zusammensetzlinien aneinanderkleben.

Die Besätze vom Vorder- und Rückenteil auf die entsprechenden Größen übertragen und kopieren.

Zuschnitt

(3) + (3a) Rückenteil = 1 x im Stoffbruch

(3) Rückw. Besatz = 1 x im Stoffbruch

(4) + (3a) Vorderteil = 1 x im Stoffbruch

(4) Vord. Besatz = 1 x im Stoffbuch

(5) Taschenbeutel = 4 x Stoff

(a) Ärmelblende = 2 x Stoff, 9 cm breit (4,5 cm fertig)
Länge: 34/36 = 41,25 cm; 38/40 = 43 cm;
42/44 = 45 cm; 46/48 = 47 cm

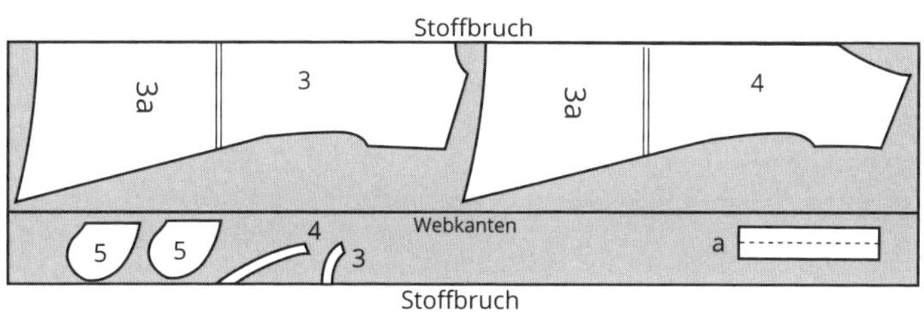

Die Teile mit 1 cm Nahtzugabe zuschneiden.
Saum mit 1,5 cm Zugabe zuschneiden.

Anleitung

Halsausschnitt: Die Schulternähte und die der Besätze rechts auf rechts steppen, Nahtkanten am Kleid zusammengefasst versäubern und nach hinten bügeln. Die Nahtkanten am Besatz nach vorn bügeln. Die Besatzkante versäubern und den Besatz rechts auf rechts auf den Halsausschnitt mit 1 cm Naht steppen. Nahtkanten knapp zurückschneiden und an der vorderen Ecke bis knapp vor die Naht einschneiden. Den Besatz nach innen wenden und die Ausschnittkante gut bügeln. Den Besatz anstecken oder heften und entlang der Besatzkante ansteppen. Die Seitennahtkanten und die Taschenbeutelkanten versäubern. Die Taschenbeutel zeichengemäß an die vord. und rückw. seitl. Kanten steppen. Die Seitennähte steppen, dabei den Tascheneingriff offenlassen und die Nähte auseinander bügeln. Am Tascheneingriff den Beutel nach vorn bügeln und am Rückenteil den Beutel nach vorn legen. Taschenbeutel aufeinander steppen. Die Saumkante versäubern, nach innen bügeln und ansteppen.

Ärmelblenden: Die Blendenteile rechts auf rechts an den Schmalkanten zu einem Rund steppen, Nähte auseinander bügeln und eine Längskante versäubern. Mit der nicht versäuberten Kante rechts auf rechts an die Armausschnitte steppen. Nähte auseinander bügeln und die andere Längskante innen auf die erste Nahtlinie stecken. Die Kante ansteppen und die Blende auf ½ Breite umbügeln. Dann die Blende einmal nach außen umkrempeln.

Maxi
Kleid

Mit vorderen Blenden und ohne Verschluss.

Kimono-Jacke

Kurze gerade geschnittene Jacke im Kimonostil.

Schwierigkeitsgrad: ● ○ ○

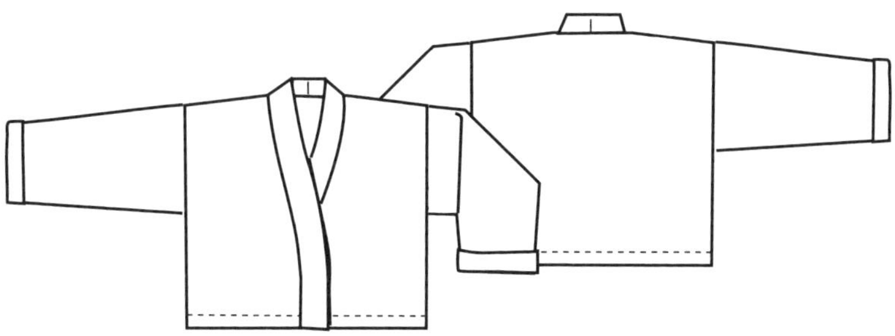

Material

- Tencel Twill Stretch, 120 cm breit

Größe:	Rückenlänge:
34/36 = 1,55 m	= 45 cm
38/40 = 1,55 m	= 46 cm
42/44 = 2,05 m	= 47 cm
46/48 = 2,05 m	= 48 cm

- Vlieseline H180
- Farblich passendes Nähgarn

Schnittteile

Schnittteile 6 - 9 auf Bogen A Schwarze Konturlinien

Größe: 34/36
38/40
42/44
46/48

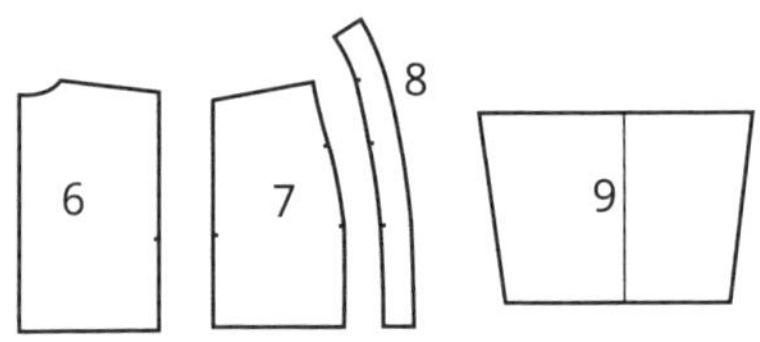

Schnittvorbereitung

Das Schnittteil 9 an der Saumlinie spiegeln und 5,5 cm anzeichnen.

Zuschnitt

(6) Rückenteil = 1 x im Stoffbruch

(7) Vorderteil = 2 x Stoff

(8) Blende = 4 x Stoff, 2 x Vlieseline
(zwei entgegengesetzte Blendenteile aufbügeln)

(9) Ärmel = 2 x Stoff

Gr. 34/36 + 38/40

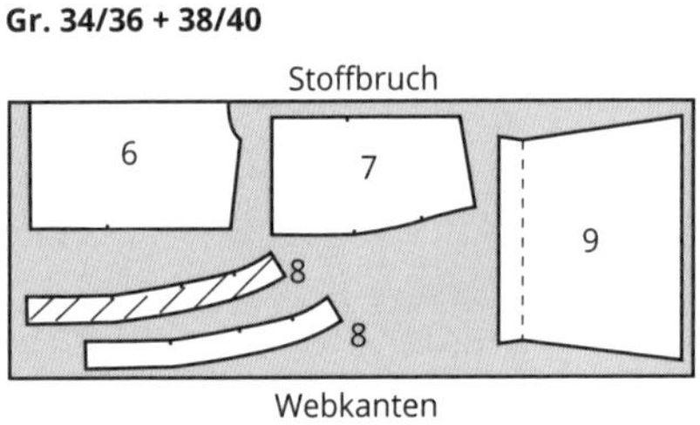

Gr. 42/44 + 46/48

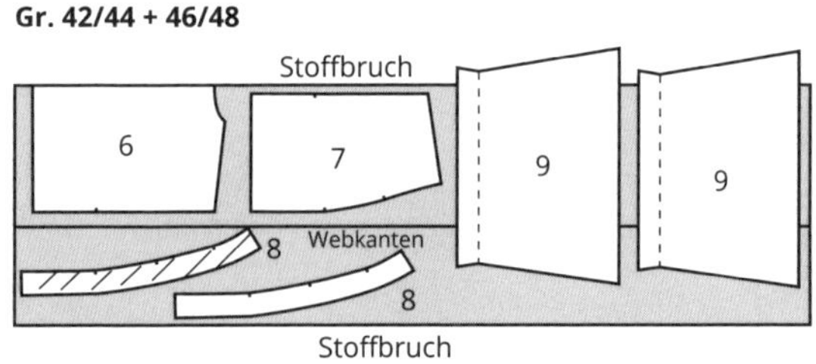

Die Teile mit 1 cm Nahtzugabe zuschneiden, Saum mit 3 cm Zugabe zuschneiden. Am Ärmel ist bereits der Saum enthalten.

Kimono-
Jacke

Anleitung

Sämtliche Nahtkanten von Vorder-, Rückenteil und Ärmel versäubern. Die Schulternähte rechts auf rechts steppen, Nähte auseinander bügeln.

Vordere Blende: Jeweils zwei Blendenteile rechts auf rechts legen und die rückw. Mittelnaht steppen. Nahtkanten auseinander bügeln, die Blenden rechts auf rechts legen und die Außenkante steppen. Die Blenden aufklappen und auf der Kante dicht neben der Naht, die Nahtzugaben liegen darunter, steppen. Die Kante gut flachbügeln. Dabei die Blendenform beibehalten.
Die nicht fixierten Blenden an den Kanten versäubern. Die Blende rechts auf rechts mit der fixierten Seite, offen an die vordere Kante steppen dabei die Schulterzeichen und die vorderen Zeichen beachten. Die Nahtzugaben zur Blende gerichtet bügeln. Die Seitennähte rechts auf rechts bis zum Ärmeleinsatzzeichen steppen. Nähte auseinander bügeln. Den Saum nach innen bügeln, die Blenden am Saum einschlagen und den Saum bei 2,5 cm Breite bis zu den vord. Kanten ansteppen. Die innere Blendenkante glatt von außen anstecken. Blende von rechts im Nahtschatten das heißt knapp neben der Ansatznaht ansteppen.

Ärmel: Ärmel jeweils rechts auf rechts legen und die Nähte steppen. An der Ärmeleinsatznaht nicht ganz bis zum Ende durchsteppen sondern nur bis zur Nahtzugabe steppen und hier verriegeln. Nähte auseinander bügeln. Die Ärmelsäume nach innen bügeln und bei 5 cm Breite ansteppen. Einen Umschlag von 4 cm Breite nach außen umbügeln.

Die Ärmel zeichengemäß rechts auf rechts in die Armausschnitte stecken. Auch hier wieder nur bis zur Nahtzugabe steppen und die Nahtkanten zur Jacke gerichtet bügeln.

Maß nehmen

Die richtige Größe ermitteln

Vergleichen Sie Ihre Maße mit den Angaben in der Maßtabelle und mogeln sie nicht, denn die richtige Größe ist wichtig, um späteres Abändern zu vermeiden.
Tragen Sie Ihre gemessenen Maße in die Tabelle ein und vergleichen Sie Ihre Maße mit den Maßen aus der Tabelle.
Dann wählen Sie die Größe, die Ihren Maßen am nächsten kommt.
Nehmen Sie dafür immer das größere Maß, denn verkleinern und enger machen geht einfacher als erweitern!

Es ist durchaus möglich, dass Ihre gewohnte Konfektionsgröße nicht mit der aus unserer Tabelle übereinstimmt. Das liegt daran, dass Konfektionäre mit unterschiedlichen Weitenzugaben arbeiten. Also kann manchmal eine Größe 38 gut passen und bei einem anderen Hersteller brauchen Sie vielleicht die Größe 40 oder 42. Deshalb verlassen Sie sich nicht auf Ihre Konfektionsgröße, sondern gehen Sie nur nach der Maßtabelle.

Größe	34/36	38/40	42/44	46/48
Oberweite	84,0	92,0	100,0	110,0
Taillenweite	66,0	74,0	82,0	92,0
Hüftweite	90,0	98,0	106,0	116,0
Vord. Taillenlänge	43,5	45,5	47,5	49,5
Brusttiefe	26,0	28,0	30,0	32,0
Rückenlänge	40,5	41,5	42,5	43,5
Schulterbreite	12,0	13,0	13,5	14,0
Halsweite	35,0	37,0	39,0	41,0
Ärmellänge	60,0	60,0	61,0	61,0
Oberarmweite	27,0	29,0	31,0	34,0

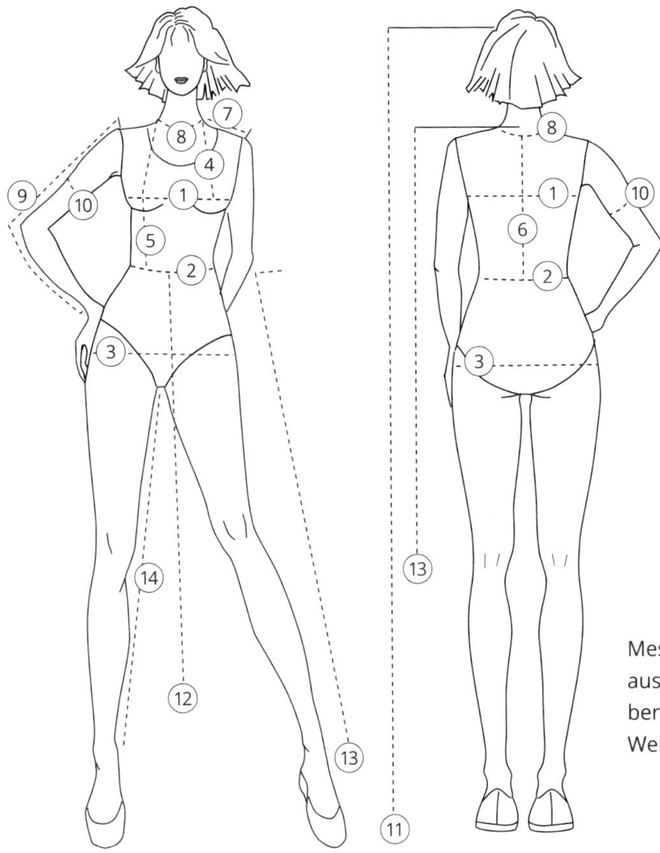

Messen Sie **nicht** den Schnitt aus, denn dieser enthält bereits die erforderlichen Weiten-Zugaben.

Was und wo messen

Oberweite	1	Über der stärksten Stelle der Brust
Taillenweite	2	Glatt um die Taille
Hüftweite	3	Über die stärkste Stelle am Po
Brusttiefe	4	Von der höchsten Stelle der Schulter am Halsansatz bis zur Brustspitze
Vordere Taillenlänge	5	Von der höchsten Stelle der Schulter, über den Brustpunkt zur Taille
Rückenlänge	6	Vom unteren Halswirbel bis zur Taille
Schulterbreite	7	Vom Halsansatz bis Anfang Armkugel
Halsweite	8	Am Halsansatz einmal herum
Ärmellänge	9	Von Armkugel, über den Ellenbogen zum Handgelenk (Handansatz)
Oberarmweite	10	Über die stärkste Stelle des Oberarms
Körpergröße	11	Vom Scheitel bis zur Sohle
Rocklänge	12	Ab Taille bis zur gewünschten Länge
Seitenlänge	13	Ab Halswirbel bis zur gewünschten Länge
Schrittlänge	14	Ab Schritt bis zur gewünschten Länge

Grundausstattung

Folgende Dinge werden generell benötigt und sind in den Anleitungen nicht noch einmal aufgeführt:

- Nähmaschine
- Maßband und Lineal
- Schnittmusterpapier und Stift/Kopierrädchen
- Schneiderkreide, Markierstifte
- Schneiderschere und kleine Handarbeitsschere
- Steck-, Näh- und Sicherheitsnadeln
- Bügeleisen und Bügeltuch
- Wende-Set für Stoffschläuche, z. B. von Prym

Schnittbogen

Modell-Auswahl

Im Anleitungsteil finden Sie folgende Angaben:

- Modellzeichnung,
- Materialverbrauch,
- Bogenbezeichnung A, B, C oder D
- Schnitt-Teilenummern und die Konturlinien für Ihre Größe.

Schnitt kopieren

Der Schnittbogen A, B, C oder D weisen am oberen Rand die Schnitt-Teilenummern in der Farbe schwarz auf. Gehen Sie von diesen Nummern mit dem Zeigefinger senkrecht nach unten, bis Sie auf die gleiche fettgedruckte Schnitt-Teilenummer stoßen.

Wählen Sie Ihre Konturlinie anhand Ihrer Konfektionsgröße aus und kopieren Sie das entsprechende Schnittteil. Schnittkonturen der Teile, die Sie vom Bogen abnehmen, können mit einem Stift (Filzstift) markiert werden. Nun können Sie den Schnitt durchpausen oder herauskopieren. Zum Durchpausen benötigen Sie Seidenpapier. Dies legen Sie auf den Schnittbogen und zeichnen die von Ihnen markierten Teile ab.
Beim Durchradeln (mit dem Kopierrädchen) legen Sie Papier unter den Schnittbogen und radeln Außenkonturen und markierte Linien durch. Arbeiten Sie hier sehr sorgfältig, damit Sie exakte Schnitt-Teile erhalten.

Zuschnitt

Die gezeigten Zuschneidepläne beziehen sich auf den Originalstoff. Sollten Sie abweichend davon Stoff mit einer anderen Stoffbreite wählen, verändert sich natürlich Stoffverbrauch und Zuschnitt.
Die Teile sind in doppelter Stofflage zugeschnitten. Das heißt, die rechte Stoffseite liegt innen. Falls der Stoff offen zugeschnitten wird, ist es am Zuschneideplan zu erkennen.
Schnitt-Teile, die auf unseren Zuschneideplänen keine Schnitt-Teilenummer aufweisen, sondern mit „a" „b" „c" u.s.w. bezeichnet sind, werden vermaßt angegeben.

Alle Teile **plus** Naht- und Saumzugabe zuschneiden! Die Schnitte beinhalten **keine** Nahtzugabe!

Tipp:

Um sicherzugehen, dass die Stoffe nach der ersten Wäsche nicht einlaufen, empfehle wir sämtliche Stoffe vor dem Zuschnitt zu waschen!
Den Stoff trocknen lassen und dann sorgfältig glattbügeln.

Besuchen Sie mich im Internet.
www.miafuehrer.de

Viel Spaß beim Nähen!
Mia Führer

Impressum

Autorin: **Mia Führer**
Fotografie: **J-P Baser**
Art Direction und Styling: **Christin Sengbusch**
Layout & Grafik: **Christin Sengbusch**
Technische Zeichnungen: **Mia Führer**
Produktmanagement: **Helgrid van Impelen**
Lektorat: **Luitgard Milz**
Korrektorat: **Katharina Milz**
Umschlaggestaltung: **Leeloo Molnar**
Herstellung: **Stephanie Schlemmer**
Printed in Slovakia by Neografia

Sind Sie mit diesem Titel zufrieden?
Dann würden wir uns über Ihre Weiterempfehlung freuen. Erzählen Sie es im Freundeskreis, berichten Sie Ihrem Buchhändler oder bewerten Sie beim Onlinekauf. Und wenn Sie Kritik, Korrekturen oder Aktualisierungen haben, freuen wir uns über Ihre Nachricht an Christophorus Verlag, Postfach 40 02 09, D-80702 München oder per E-Mail an lektorat@verlagshaus.de.

Unser komplettes Programm finden Sie unter

www.christophorus-verlag.de

Wir danken der Firma **Kattun Stoffe** für die Bereitstellung der Stoffe. Die Stoffe sind zu bestellen bei:
www.kattun-stoffe.de
Wir danken auch der Firma **Prym** und **Gütermann** für die freundliche Unterstützung mit Kurzwaren und Nähzubehör!

Die Deutsche Nationalbibliothek verzeichnet diese Publikation in der Deutschen Nationalbibliografie; detaillierte bibliografische Daten sind im Internet über http://dnb.d-nb.de abrufbar.

ISBN 978-3-8410-6625-1

Kreativ-Service

Sie haben Fragen zu den Büchern und Materialien?
Frau Erika Noll ist für Sie da und berät Sie rund um alle Kreativthemen. Rufen Sie an!
Wir interessieren uns auch für Ihre eigenen Ideen und Anregungen. Sie erreichen Frau Noll per E-Mail: **mail@kreativ-service.info** oder Tel.: **+49 (0) 5052 / 91 18 58**

Besuchen Sie uns im Internet: **www.christophorus-verlag.de**